和谐校园文化建设读本

小学 教务工作12讲

刘佳欣/编著

吉林教育出版社

图书在版编目(CIP)数据

小学教务工作 12 讲 / 刘佳欣编著. — 长春：吉林
教育出版社，2012.6（2022.5重印）
（和谐校园文化建设读本）
ISBN 978－7－5383－8750－6

Ⅰ．①小… Ⅱ．①刘… Ⅲ．①小学－教务工作－研究
Ⅳ．①G627.3

中国版本图书馆 CIP 数据核字(2012)第 115958 号

小学教务工作 12 讲　　　　　　　　　　　　　　　　　刘佳欣　编著

策划编辑　刘　军　　　潘宏竹
责任编辑　庞　博　　　　　　　　　　　　　　**装帧设计**　王洪义
出版　吉林教育出版社(长春市同志街 1991 号　邮编 130021)
发行　吉林教育出版社
印刷　北京一鑫印务有限责任公司
开本　710 毫米×1000 毫米　1/16　　13 印张　　**字数**　165 千字
版次　2012 年 6 月第 1 版　　2022 年 5 月第 3 次印刷
书号　ISBN 978－7－5383－8750－6
定价　39.80 元

编 委 会

总 序

千秋基业，教育为本；源浚流畅，本固枝荣。

什么是校园文化？所谓"文化"是人类所创造的精神财富的总和，如文学、艺术、教育、科学等。而"校园文化"是人类所创造的一切精神财富在校园中的集中体现。"和谐校园文化建设"，贵在和谐，重在建设。

建设和谐的校园文化，就是要改变僵化死板的教学模式，要引导学生走出教室，走进自然，了解社会，感悟人生，逐步读懂人生、自然、社会这三部天书。

深化教育改革，加快教育发展，构建和谐校园文化，"路漫漫其修远兮"，奋斗正未有穷期。和谐校园文化建设的研究课题重大，意义重要，内涵丰富，是教育工作的一个永恒主题。和谐校园文化建设的实施方向正确，重点突出，是教育思想的根本转变和教育运行机制的全面更新。

我们出版的这套《和谐校园文化建设读本》，全书既有理论上的阐释，又有实践中的总结；既有学科领域的有益探索，又有教学管理方面的经验提炼；既有声情并茂的童年感悟，又有惟妙惟肖的机智幽默；既有古代哲人的至理名言，又有现代大师的谆谆教诲；既有自然科学各个领域的有趣知识，又有社会科学各个方面的启迪与感悟。笔触所及，涵盖了家庭教育、学校教育和社会教育的各个侧面以及教育教学工作的各个环节，全书立意深邃，观念新异，内容翔实，切合实际。

我们深信：广大中小学师生经过不平凡的奋斗历程，必将沐浴着时代的春风，吸吮着改革的甘露，认真地总结过去，正确地审视现在，科学地规划未来，以崭新的姿态向和谐校园文化建设的更高目标迈进。

让和谐校园文化之花灿然怒放！

本书编委会

目录

第一讲 小学教务工作概述

教务处，是学校等教育机构的教学管理机构，主管教师的教课任务、目标、进度及计划，学生的学习要求、目标、计划及考试等教与学各方面的事务，是学校的主要机构之一，该机构的负责人为教务处长（或教务长，也有的叫教导主任）。教务处在提高学校教学质量方面起着关键的督导作用，所以应该充分发挥教务处的职能作用，保证学校教学工作正常有序开展，使管理工作进一步走向制度化、规范化、程序化；还应实行科学决策，明确工作职责；改进工作作风，提高办事效率，保证工作质量。本讲将概括阐述小学教务工作的指导思想、目标任务与职责范围。

第一节 开展小学教务工作应坚持的指导思想

小学教务处工作应以"三个代表"重要思想和科学发展观为指导，深入学习贯彻十七大精神，认真贯彻落实《中共中央国务院关于进一步加强和改进未成年人思想道德建设的若干意见》和《公民道德建设实施纲要》，确立"以德治校""德育为先"的思想，围绕全面实施素质教育，全面提高教育教学质量这一总目标，紧扣学校工作的目标和任务，坚持"抓课改，促创新；抓评价，促改革；抓管理，促质量；抓建设，促发展"四条工作主线，与时俱进，开拓创新，高效率、高质量地完成各项工作任务，进一步完善常规管理，坚持"以生为本"，抓住培养学生"学会做人"这条主线，以主题班会、团体活动为有效载体，促进不同层次学生养成良好的思想品德、健康人格和良好的个性心理品质，增强德育工作的针对性、实效性、主动性和创新性，努力开创小学德育工作的新局面。

一、树立深入进行基础教育课程改革的思想

（一）积极围绕重点专题开展学习活动，提高学习的针对性和实效性

1. 全国基础教育课程改革纲要和基础教育小学阶段各学科的课程标准、教材。

2. 有关有效教育策略和教学评价的理论和经验。

3. 有关研究性学习和校本课程开发的理论和实践。

（二）积极开展课程研究

按国家和地方对课程的规定，均衡设置课程，积极开发多样化的课程资源，合理开发校本课程，以此来提升学校的文化品位，形成独特的办学理念，促进学校的个性化发展，为学生学习方式的多元化和学习空间的拓展提供服务。教务处应依靠全体教师，在写字教育、休闲教育、音体美等学科教学中作深入的研究，集思广益，为校本课程的落实提供保障和实施的途径。同时要求全体教师主动地为校本课程的落实积累经验、献计献策，做出应有的努力。

（三）加强对综合实践活动课程实施的管理

综合实践活动课程的实施是新课程实施中的一大难点问题，学校必须加强管理。应进一步组织培训，通过学习交流、观摩研讨等行之有效的活动，来积极探索综合实践活动课程的实施和评价的方法。

综合实践活动坚持做到四个结合：与少先队活动相结合、与社区

教育活动相结合、与学科教学相结合、与研究性学习相结合，初步形成综合实践活动课程的教学模式和评价方法。教务处要认真组织教师进一步地学习综合实践活动课程的实施方案，进行深入研究，明确综合实践活动课程的指导思想和实施的基本要求。结合学校实际、学生兴趣、教师特长、社区资源，围绕人与人、人与社会、人与自然、人与自我等方面精心选题，制订方案，组织活动，确保综合实践活动正常有效开展，综合实践活动课不得挪作他用。

二、树立不断提高教学研究管理的思想

学校应切实加强师资队伍建设，以教法改变和学习方式转变为突破口，立足课堂教学，探索符合新课程要求的课堂教学方法和课堂教学模式。一年级实验教师按课程改革实验方案的要求认真上好研讨课，坚持每周开设一节研讨课，每学期写好一篇课改实验论文。其他年级教师应积极参与一年级各学科的研讨活动，自觉地走进新课程，为以后的教学打基础、做准备。

（一）抓好教师的业务培训

认真组织教师业务培训工作。教师业务培训应从以下几个层面加以落实：

1. 安排骨干教师、实验教师参加市级以上或其他县市、国家级首批课程改革实验区的培训学习和观摩研讨活动。

2. 组织教师参加市级的培训学习和校际之间的观摩研讨活动。

3. 开展具有针对性和实效性的校级培训。

4. 立足于教研组、科研组的研讨课、实验课，使广大教师在理论和实践上都有提高和长进。

（二）加强对青年教师的培养力度

各学科教学研究要以青年教师为主体，以课题研究为切入口，以

提高课堂教学效益为主线，加大对青年教师培养的力度。继续抓好青年教师"五个一"考评工作，认真实施青年教师"一二三培养工程"，有目标地开展"传""帮""带"活动，促进青年教师健康成长。青年教师在观念上要求新，工作上要求勤，业务上要求精，态度上要求诚，待人上要求和，尽快使自己适应岗位并逐步走向规范，走向成熟。

（三）认真组织开展各类评比活动

组织各级各类如优秀教案、优秀课、优秀论文、优秀课件、优秀命题等评比活动，鼓励教师脱颖而出，教务处将遵循公开、公正、公平的原则，严格操作程序，把好各个环节；进一步做好名教师的培养工作，制订校级教坛新秀、教学能手、学科带头人的评选细则。

（四）精心组织教研活动

要认真制订切实可行的活动计划，恰当安排好活动时间、地点和方式，定期开展多种形式的教研活动，每次活动都要做到主题集中，任务明确，措施到位，责任落实，效果实在。教务处主要统筹安排较大规模和相对侧重的教学研究活动，教研组着力进行立足于课堂教学的教学观念、教学方法、教学手段、教学模式创新的研究活动。充分发挥中心教研组的作用，各中心教研组要认真制订并积极实施活动计划，重点研究课堂教学。每月至少组织一次中心教研组活动，中心教研组人员要积极参与，每人上好一节研讨课，每组出一节精品课。

三、坚持依法治教的指导思想

加强实施新课程的组织领导和新课程设置管理，严格执行新课程计划，教务处要严格按义务教育课程设置实验方案排好课表，开齐、上足、上好各科，坚决做到总课表、班级课程表、教师任课表"三表"统一，认真对待教育局不定期进行的专项督查。全体教师要坚持做到按日课表上课，自觉认真地上好每一堂课，不得随意更改、调换、挪用课程，严禁并班上课。认真落实和学习小学常规管理基本要求，找准薄弱点，严格控制学生的在校时间，严格控制学生的回家作业量，给足学生体育活动的时间。严禁体罚和变相体罚学生，要建立民主平等、相互尊重的师生关系，营造良好的教学氛围，确保教学的顺利进行。

四、加强对学校的体、卫、艺、劳等学科的重视

按课程设置的规定开设好体育与健康、艺术和劳动课程。认真上好体育与健康课，在上好体育室外课的同时，精心设计安排好室内课的内容，积极实施中小学体质健康标准，平时要以求真务实的态度和吃苦耐劳的精神经常性地抓好足球队、田径队的训练，创造性地开发体育传统项目。艺术组在研究探索艺术课堂教学的同时，要因地制宜地开展好校内外的艺术活动。劳动课，除三年级以外，其他年级融入在综合实践活动课中进行，应重视劳动态度教育、劳动技能教学和对实践能力的培养。休闲教育内容要丰富，质量要提高。组织好辅导区的足球比赛、书画比赛、庆"六一"等活动。

第二节　开展小学教务工作应确立的目标任务

一、工作目标

1. 加强德育队伍建设，深入学习《中共中央国务院关于进一步加强和改进未成年人思想道德建设的若干意见》，提高德育工作水平。

2. 贯彻实施《小学生守则》及《小学生日常行为规范》，抓好学生的常规管理，强化学生的养成教育。

3. 拓展学生的活动社团，营造浓厚的校园氛围。

4. 开展"民族精神代代传"主题活动，弘扬尊敬师长、热爱祖国等民族精神。

5. 办好科学月活动，增强学生的科技意识，提高学生的艺术水平，丰富校园文化生活。

6. 发挥学校、社区、家庭三结合的教育作用，开好家长会。

7. 加强法制、安全、卫生和心理健康教育，促进学生全面健康成长。

8. 组织师生学习《学生伤害事故处理办法》《未成年人保护法》《预防未成年人犯罪法》等，进一步建立和完善学校的各项规章制度，使学生在浓厚的法制氛围中增强法制观念，养成遵纪守法的行为习惯。

9. 抓好常规，抓严细节，抓实过程，形成办学特色。

10. 抓好养成教育，培养学生良好的学习习惯，形成良好的校风、班风、学风。

11. 扎实开展丰富多彩的校本教研活动，发挥骨干教师的引领、示范作用。

12. 抓好、抓实毕业班的教学工作。

13. 认真组织师生参加各类竞赛并取得佳绩。

二、工作要点

（一）抓好队伍建设，强化德育意识

要适应新形式，加强和改进学校德育工作，必须真正做到全员育人，而队伍建设又是做到全员育人的关键。

1. 做好班主任的培训工作，通过交流、参观、学习，不断提高班主任的工作水平和能力，深入学习《中共中央国务院关于进一步加强和改进未成年人思想道德建设的若干意见》，开展讨论，使班主任都能做到用爱心去塑造，用真情去感化，用榜样去激励，用人格去熏陶，将敬业奉献落实到实处。

2. 实行《班主任工作考核实施细则》，对班主任的工作态度、工作效率、工作业绩进行考评。

3. 加强跟踪指导，定期到各班听取班主任的班队教育课，及时交流、总结，提高班主任的业务水平。

4. 加强宣传，宣传班级先进事迹，调动师生的积极性。

（二）加强基础教育，培养文明学生

1. 深化爱国主义教育

规范每周一的升旗仪式，做到学期有计划，周周有主题。要充分发挥校园广播站、黑板报、宣传橱窗等阵地的宣传作用，对学生进行"五爱"教育。要以重大节日、重要人物和重要纪念日为契机，结合学校的传统活动，开展形式多样、生动活泼、学生喜闻乐见的体育、文化和科普活动，培养学生的个性特长，进一步推进校园文化建设。

2. 狠抓养成教育

从《小学生守则》《小学生日常行为规范》入手，把基础文明行为养成教育抓实、抓细、抓持久。开展学生日常行为规范评比工作，做到日查、周评、月评，组织行规检查小组，不定期下班检查，并督促整改。加强校内文明监督岗的作用，改变和规范部分学生的不良行为，培养学生讲文明、守纪律的良好习惯、学校开展"行为规范"训练月活动，训练有主题，并评选行规示范班。同时开展"争当星级学生"活动，以站好队、做好操、扫好地、讲卫生、有礼貌等基础行为入手，狠抓行规管理，评选出一批文明之星，加强宣传，树立典型，以榜样引路。

3. 强化卫生安全工作

学校应以抓好食品卫生、交通安全和防火教育为切入点，定期开展自查、整改活动，做到防患于未然。同时加强"不许三无食品进校园"教育，抓好学校卫生安全教育工作。

4. 开展心理健康教育

多渠道了解和掌握学生的心理问题信息，及时帮助学生清除心理障碍。经常性通过板报宣传、心理咨询等形式进行心理健康教育。结合"后进生"的帮教转化工作，把心理健康与"后进生"转化工作有机结合，提高转化率。

5. 加强法制教育

采用"走出去、请进来"等形式，通过法制专题讲座，对学生进行以《未成年人保护法》《预防未成年人犯罪法》为重点的法制教育系列活动，增强学生遵纪守法的自觉性和自我保护意识。

（三）加强社团建设，丰富校园文化

1. 组建学生社团

组织有一技之长的教师帮助学生创建社团，将全校学有特长的学生组织起来，开展各类特长教育活动。

2. 评选明星社团

为了确保社团工作的顺利开展，各社团建设要做到五有：有活动计划、有活动时间、有活动地点、有活动指导教师、有活动总结。同时充分利用社会资源办社团，发展社团。在学期末评选出明星社团，以促进学生社团的健康发展。

（四）调动各界参与，发挥整合优势

1. 提高家教水平

按规范化要求办好家长学校，做到目标明确、计划落实、内容有针对性，并且认真做好资料搜集、积累工作。每学期召开全校家长会，加强家校联系。班主任老师要做好家访工作，做到同每位学生家长均有一定程度的联系，特别重视做好与"后进生"家长的经常性联系。

2. 营造良好环境

加强对周边环境的综合治理，努力营造良好的社会育人环境。充分发挥校外辅导点、学校家长委员会、德育基地的作用，开展综合实践活动。

三、工作任务

（一）抓好常规教学

教学质量是立校的根本，是学校的生命之源，是教师的生存之基，因此，学校要以提高教学质量为中心，规范制度，细化管理。全体教师要提高认识，扎实做好本职工作，努力提高教学质量。

1. 教务处要集中精力抓好常规教学的落实，做好常规教学的过程管理。从备课、上课、作业的布置及批改、测试、课后反思等环节入手，争取做到每月一次常规检查，并有书面反馈意见。对常规教学中有违规现象的教师，教务处要及时指正并跟踪抽查。

2. 严格执行课程计划，按计划开齐、开足各个学科课程，安排课程科学、合理。

3. 优化课堂教学，向 40 分钟要质量，要效益。积极引导教师课前钻研教材，备课标、备教材、备学生、备教法，探讨新课程的教学新特点、新方法、新途径、新模式，提高课堂教学效益。

4. 教师要精心布置作业，加强针对性，体现灵活性，提倡分层布置作业，控制学生的课外作业量。语文忌死抄、死背，注重积累性、应用性作业的布置，数学忌机械、重复性作业，注重实践性、应用性作业，其他各学科也应创造性地布置作业。作业批改要认真、及时、正确，做到类批、点批、面批、学生间的互批相结合，教师要及时总结，及时点评，以指导整体教学。

5. 加强对学困生的课外辅导工作。坚持个别辅导与指导自学为主的原则。结合学生实际，辅导内容要具体、有目的、有对象、有效果、有记录，在解题能力上，要特别重视和加强学困生和学优生的差异性辅导。教给学生爱学、会学、乐学，使学生掌握举一反三、灵活转换的学习方法。课外辅导要紧紧围绕提优转差这一总目标，既要面向全体，又要分层次进行个别辅导，做到因材施教。辅导的计划要有可操作性，辅导内容要有针对性和实效性，对学困生的辅导务须做到耐心和细致，帮助学生选择和构建适合其本人的学习方式和学习方法，努力使每一位学生在原有基础上有所进步。

6. 有反思才有提高，认真写好教学反思。教师要结合教案的实施情况，及时写出教学反思，体会特别深的，应找出成功和失败的原因，把改进措施以及对某些问题的看法与体会写于教案后，积累经验，提高教学水平。教学反思的数量要求每学期不少于5篇。

7. 建立听课制度。教务处加强随堂听课的力度，包括公开课和推门课。每学期都要对每位教师进行随堂听课，对新上岗的教师听课次数更要增多，听课后要及时与上课教师交流，提出修改意见，并检查备课情况和教学反思的撰写情况，促使课堂教学质量得以提高。教师要认真记好听课笔记，把听课意见或建议写在听课本上，课后要及时与授课老师交换意见或提出建议，以便改进教学方法，取长补短。

（二）加大教师培训力度

1. 利用外出听课、学习的机会，有针对性地选派教师外出，学习先进的课堂教学经验，听课教师回来必须上模仿课、移植课。创造条件"走出去、请进来"，多渠道提高教师的课堂教学水平。

2. 积极推进名师工程。结合校本培训做好学校骨干教师的培训工作，创造机会给他们压任务，让他们挑担子，使他们在工作中得到锻炼，提高能力。

3. 落实帮扶制度，提高新教师教学水平。在教师中开展"传帮带"活动，实现以"老"带"新"，帮助新教师快速掌握新教法，提升业务水平。

4. 积极组织教师参加市、县、乡、校各级优质课竞赛，各学科论文、案例、课件制作比赛，使教师在参加比赛的过程中有所收获，得到提高。

5. 支持教师参加学历进修、各级各类专业培训，提高教师学历、业务水平。

（三）加强校本教研工作，扎实开展丰富的教研活动

1. 要求人人参与教研。青年教师要上展示汇报课，老教师上示范课。

2. 充分利用教师业务学习时间，定期组织教师学习新课标，阅读《人民教育》《当代教育》等教育刊物，提高业务水平。

3. 为教师构建学习平台，用好教育资源。积极开发和利用现代远程教育资源，为广大教师提供新的学习平台，鼓励教师借助现代信息技术手段优化课堂结构，有效整合课堂教学。

（四）深化体育、健康、艺术教育

1. 抓好兴趣小组活动。根据教师构成情况及特长，开设相应的兴趣小组。做到有组织、有计划、有实施、有记录、有考核、重实效。要积极组织学生参加有关竞赛活动，丰富学生生活，培养学生能力。

2. 重视体育与健康、艺术、信息技术教育工作。以综合教研组为龙头，加强对体育与健康、艺术、信息技术教育的管理与研究工作；不得挤占这些学科的教学时间，要根据不同年级学生的特点，从基础抓起，真正提高体、卫、艺术课教学质量，为学校的发展注入新的活力。

3. 加强心理健康教育。课堂教学和各项活动中要重视学生心理健康教育，及时对学生进行心理指导，培养学生坚韧不拔的意志和艰苦奋斗的精神，增强少年儿童适应社会的能力。

4. 积极开展"阳光体育"活动，通过专题讲座、黑板报、红领巾广播站等形式进行健康知识的教育和宣传，切实加强学生健康行为习惯的养成教育，严防传染病的流行和食物中毒事件的发生。

（五）抓好毕业班教学工作

毕业班教学工作是学校教育教学工作的重点，毕业班成绩的好坏关系到一所学校的荣誉，要求学校要确保教师的教学时间，尽力满足毕业班教师在教学中的需要。六年级教师要本着对学校负责、对学生负责的精神对待工作，规范毕业班常规教学工作过程，增强毕业班学生全面发展的意识。

（六）做好学前教育工作

学前班教师必须认真学习相关的学前工作文件精神，尊重幼儿的权利和人格，尊重幼儿身心发展规律，结合幼儿学习特点，促进每个幼儿的个性发展。同时，要认真执行课程计划，按时、按量、保质完成教学任务。

（七）重视与家长的交流、沟通

让家访成为学校和家庭共商教育的桥梁。学校教师要与家长保持密切联系，建立良好的合作关系，相互提出中肯的意见或建议，利用家访向家长汇报学生在校情况，了解学生在家情况，与家长共商教育学生的方法。每班必须建立学生家长联系一览表，遇到情况，能及时与家长取得联系，掌握学生动向。每学期家访书面记录不少于 4 次。

第三节 小学教务工作的职责范围

一、职责范围

（一）学科与专业建设

1. 参与制订学校教学发展规划，组织专业建设规划的制订与实施。

2. 制订学科设置计划，并组织申报及实施。参与招生计划的制订。

3. 组织各类教学评估。

（二）教学计划制（修）订与实施

1. 组织制（修）订、审核全校教学计划。

2. 组织和协调各学科教学计划的实施。

（三）课程建设的组织与管理

1. 制订课程建设规划并组织实施、交流评估、验收和落实奖励。

2. 组织各课程教学大纲的制订和选课指南的编印。

（四）教学过程的组织与管理

1. 编制教学日历、教学进程表和课程表。

2. 协同落实师资配备。

3. 管理学生成绩、学籍档案。

4. 发放各种学历证明和证书。

5. 负责日常教学调度，统一安排教室的使用。

6. 组织国家及省的统考统测。

（五）教材建设与供应

1. 组织教材建设规划与落实。

2. 组织自编教材、讲义的评审。

3. 负责学生（包括校外班）的教材供应。

（六）实验实践的管理与组织

1. 落实实验室和实践场所的建设规划与实施。

2. 组织、协调校外实践基地的建设。

3. 负责各类教学相关费用的使用分配。

4. 负责各种考试。

（七）教学改革与教学研究

1. 组织和实施各类教学改革。

2. 负责教学信息的收集和研究。

3. 组织教学评优和经验交流。

4. 组织学生的各类竞赛活动。

（八）其他工作

1. 负责制定各类教学管理规章制度，监控教学质量和测评。

2. 负责联合办学工作的联系、协调和落实。

3. 完成领导交办的其他任务。

二、具体工作

（一）教学环节管理要求

1. 集体备课

要在充分理解和掌握学科知识内容的基础上，把备课的重点放在依据学生的身心发展规律。在组织课堂教学中，要突出以启发准确、激发兴趣、主动参与、自主学习为目的。坚持每周一次集体备课，落实备课组以集体主动参与、自主学习为目的。做到"五定"：即定时间、定地点、定内容、定计划和定主讲人，计划要及时上交教务处，同时要求 6 年教龄以下教师的教学计划要及时上交教务处，教务处做好集体备课活动记录。

2．上课

对课堂教学的调控和信息反馈，要突出自主学习、掌握方法、形成技能、具有创新意识。

3．作业布置

作业布置要有针对性，讲究实效。作业分课内作业和课外作业，课内作业指课堂教学目标完成情况的检测；课外作业即发展性作业，但要严格控制作业量。备课本和作业本每学期要抽查两次，由各教研组长协助检查。

（二）改进考核评价制度

考核评价要力求科学、规范、行之有效，对教育教学起到督促和促进作用。对教师的日常教学和业务检查要以不定期的形式进行，采取百分制，分成教学常规、学生反馈、教学成绩、教研工作等几大块。细分为教案、作业、听课、辅导、公开课、课题、业务学习等若干小项，以此来科学、全面地评价教师，并把成绩计入年终考核总成绩，与年终奖挂钩。使教师从思想深处重视自己的每一项工作，并加强学习与锻炼，从不同角度去充实和丰富自己，形成一种较强的学习和竞争氛围，从而带动教育教学质量的飞速发展和提高。

（三）开展丰富多彩的兴趣课和竞赛活动。

1．兴趣课可包括足球、舞蹈、科技、陶艺手工、美术、游泳、天文、科学奥林匹克等内容。活动课要求有计划、有内容、有记录并及时上交，期终进行活动成果展示，并作为期末考核的参考之一。同时，教务处将制订兴趣小组辅导教师的考核细则和兴趣课记录表，登记表每周上交一次并接受检查和备案。这将促进活动课的积极开展，保证质量，从而发展学生特长、提高学生综合素质、陶冶高尚情操。

2．还可举行英语知识竞赛、科学奥林匹克竞赛、英语口语大赛、成语故事大赛等。

（四）夯实基础、深入教研

完善集体备课制度，发挥群体优势，集思广益，做到优势互补、资源共享。本组公开课务必要参加听课、评课，鼓励跨学科听课。任课教师需上交一份教学反思和教学思路稿，并要有记录和评语。学校领导每学期听课不少于 40 节，教研组长与新教师不少于 30 节，其他课任教师不少于 20 节。

（五）狠抓教研组建设、组长责任制

狠抓教研组建设、制订教研组长职责和考核细则，进一步使组长责任明确化。

（六）努力建设高素质队伍，立足岗位练兵、培育后劲

1. 学期初搞好教师培训工程，由教研组落实，双方签定捆绑责任状。期末对新教师进行考核，成果纳入年终考评。

2. 每学期可举办一次说课评比，教师们可尽显教学风采，为走出校门作准备。做好竞评校内"教坛之星"工作。认真做好各学科教师的培养、扶持工作。

3. 积极鼓励教师参加高学历的进修、参加教学技能的评比和教育教研论文的撰写。

（七）建立学生学习成长档案袋

在学生学习过程中，应不断发现他们的闪光点，及时收集归档。这将会激励他们不断进取，同时也是教师全面了解学生学习的窗口。

（八）抓好师德师风建设

坚决杜绝歧视后进生、体罚学生。做到依法执教、廉洁从教、文明施教。要求全校教师严格遵守各项规章制度，做到"勤业、敬业、精业、乐业"。

第二讲　有条不紊地实行小学教务工作

第一节　制订全面具体的工作计划

一、指导思想

教务处应根据上级教育部门和学校工作的总体要求，推进教育教学的精细化管理，提高教学管理水平；切实推进有效教学工作，提高教育教学质量；深化校本研修，提升教师素质，努力使学校工作再上一层楼。

二、工作重点及措施

（一）加强常规管理

1. 抓教务管理，力求管理行为规范，严格执行国家课程计划，开齐、开足并上好规定课程。

（1）为维护课表的严肃性和权威性，不准私下调课，不准私自让课、占课。严格执行减负的规定，严格控制学生在校时间和作业量，考试、教辅用书及资料的征订。

（2）严格执行上级部门学籍管理的有关规定。及时做好学生转进转出的登记，并做好有关的统计工作，进一步规范义务教育阶段的学籍管理，力争资料详实、手续齐全、管理规范。

2. 抓教学常规，力求教学行为规范。

（1）抓备课。原则上三年以内的教师不用电子备课，提倡手写教案，要求书写规范，电子教案要认真完善，适合具体学情，教后反思详细，并要求手写。

（2）抓上课。要求做到"三个不"，即不上无准备、无教案的课；不上无要求的课；不上无容量、无密度的课。上课过程中要注意观察、了解、感受和反应，要教得扎实，讲得到位，练得科学。

（3）抓作业。任课教师要精心设计每次作业。教研组长要在组内规范抓作业。任课教师要精心设计每次作业批改。平时要求做到"三必"，即有发必收、有收必改、有改必评。教师要经常布置创意作业，形成特色作业。教务处可以与教研室备课组长一起进行作业的检查，检查提早一天通知。

（4）抓辅导。辅导要及时，针对性要强。要求特别重视个别辅导（注意边缘学生），为了每一个学生，充分体现面对全体学生。充分发挥分类辅导、分层推进的作用，为基础较差的学生提供夯实基础的机会，为成绩优秀的学生提供更广大的上升空间。为帮助后进生成为成绩优秀的学生提供一切必要的手段。

（二）加强质量管理

学校的生命力在于教学，教学的生命力来源于教师。教务处积极开展工作，向每一天扎实的管理要效益，将功夫做在平时。

1. 每学期初教务处要组织教师学习义务教育教学管理指南、各学科教学建议、基础教育新课程标准。将各年级各学科的教学目标，发放到教研组里，让教师们进行学习。教师们比较清楚地认识到自己所教的学科要求学生达到的基本目标，在平日的教学中，就能做到心中有数。

2. 不断提高课堂40分钟的教学质量。任课教师讲课要精细，方法要得当，要注重培养学生独立思考问题的能力，及时纠正学生学习过程中出现的误区，并对每位学生都开展有针对性的指导。营造积极互动、平等对话的课堂教学氛围。加强教师间的经验交流，鼓励教师多上研究课、汇报课、示范课、观摩课，争取让更多的教师从中获益，切实提高课堂40分钟的教学质量。

3. 备课组要认真开展集体备课，力争做到备课、上课、进度、练习、测评五统一。备课中做到"共享"即教案共享、课件共享、资料共享；"三个要"，即教学环节要清，作业练习要精，把关检测要严。各备课组要进一步规范集体备课环节，提高集体备课质量，避免形式主义。根据规定的时间和计划，保质保量地推进集体备课，并及时填写备课活动记录，使学科形成良好的研究氛围。

（三）抓校本培训，提升教师队伍素质

1. 外出培训的老师上交听课、培训的学习体会材料，做到一人学习大家受益。教务处也应抓住一切机会，请教育专家来做演讲和培训。不断提高教师们的教育教学理论水平，更新教师们的教育观念。

2. 开展教师基本功竞赛活动。

3. 开展分层上校级公开课活动，老教师上拿手课、示范课，青年教师上汇报课。

4. 发挥好校内资源库的作用，重视对青年教师的培养。开展"结对"活动，以老带新，以新促老，加强同伴间的相互协作学习。年轻老师自己在教研组内报名，教务处再根据实际情况，定期安排青年教师听课和上公开课。要对青年教师实施这种先听后讲的策略，争取实现年轻教师"一年站稳讲台，两年形成风格，三年能出成果"的目标，以便他们能尽快胜任教育教学工作。

（四）重视特色教育

教务处可以以美术特色课校本课程开发为载体，以艺术教育为龙头，以美育为依据，树立大美育观，充分发挥课程美育、课堂美育、社会美育的作用，以美辅德、以美益智、以美健体、以美促美。

1. 加强组织建设，完善管理，促进学校美术教育制度化、规范化。

2. 加大普及力度，提高普及质量，发展一批美术教育特色项目。

3. 提高课堂教学质量，发掘每一位学生的美术潜能，整体提高学生的审美能力、美术素养和实践能力。

4. 拓宽活动渠道，大力发展美术类兴趣活动课，组建学生美术团队，通过艺术节等活动形式，全面展示学校美术教育成果。

5. 继续加强美术师资队伍建设，搭建多种舞台，为美术教师自我发展提供良好的条件。

6. 构建学校社区互动的社会支撑体系和中小幼衔接的美术教育格局。

（五）重视活动

1. 积极向学生推荐健康有益的课外读物，组织开展丰富多彩的校园读书活动；进一步完善语文的古诗考级；在学生家长中积极倡导亲子读书行动，引导和帮助家长树立正确的家庭教育观念，促进和谐家庭的构建。

2. 成立学生小社团，让有一技之长的学生带团，老师给以指导，努力为学生提供展示才华、陶冶情操的机会，促进学生自我教育能力的提高和健康人格的形成。还可以组织百灵鸟合唱团、小小画家社团、电脑科技制作社团、轮滑社团等。

3. 积极开展各项学科竞赛，加强指导，精心组织，力争取得更好的成绩，推进学校的办学水平，提升学校的办学品质。

4. 为落实教育部"健康第一""每天锻炼一小时"的指导思想，保证各班的体育活动时间，可安排 30 分钟的体育活动时间，各班在活动中可以形成各自特色（固定）的项目，如慢跑、踢毽子、摇呼啦圈、跳绳、立定跳远、打篮球等等。

第二节 确保工作计划的顺利施行

一、工作目标落实常规管理

1. 落实常规管理，提高管理效益。

2. 基于有效课堂，提高教学实效。

3. 强化校本教研，提升教师素养。

4. 深化课题研究，解决实际困惑。

5. 开展各项活动，促进学生发展。

二、工作重点规范常规管理

在学校工作思路的引领下，以转变教育教学观念、增强工作责任感和工作责任心为契机，以全面提高教育教学质量为目标，以全面推进素质教育为基点，立足课堂教学这一主阵地，勇于创新，倡导多元，追求特色，深入开展教研活动，不断提高教学质量，发展学生全面素质，进一步完善教育教学常规管理，注重教师队伍建设，为学校今后的发展奠定坚实基础。

（一）加强师生思想教育，形成良好风气

1. 加强教师政治学习，提高教师思想水平。利用例会时间，组织全体教师认真学习上级部门下达的各类文件、《新课程标准》以及教育法规、教育教学新理念等。通过学习，提高教师的思想觉悟，鼓励他们爱岗敬业，全身心投入到教学工作中。

2. 配合政务处继续狠抓学生的思想教育、品德教育、法制教育。每学期都可以组织新入学的学生学习《小学生日常行为规范》。由于小学校园存在的安全隐患比较多，对学生的安全教育要加大力度，特别是低年级的学生。少先队大队部组织"红领巾广播站"每周三进行一次广播，对学生进行思想教育。

（二）狠抓教学常规管理，提高教学质量

以教育创新为主线，以教育科研为先导，以课堂教学为主战场，不断提高教师教学水平，进一步解放思想，实事求是，与时俱进，全面提高教育质量。

1. 抓好教学常规和质量管理

（1）加强教研组建设，狠抓教学计划管理，要求教研工作计划先由教研组讨论制订，经教务处论证通过后进行执行。具体操作时认真落实如下要求：

①教研组长以单元和本学科知识系统为主，落实好每位教师的备课数量。

②教研组要求教师教学的重点和难点，教案完成后，教研组长要签字；每学期签字次数不能少于 14 次。

③利用教案上完课后，在教案末尾写上自己的课后反思，以利于对教案的不断改进和完善。

（2）上好每一堂课，要求教师每一堂课精讲多练，改进教学方法，制订好学困生转化计划，每位教师承包三名以上学困生，切实作好学困生的转化工作。

（3）认真做好课下辅导工作，每班早晚自习要有教师辅导，高年级在晨读中注意有意识培养学生的主动学习能力和自学能力，自习辅导不得迟到和早退，要有准备地进行辅导，提高辅导效率。认真批改作业：语文一课一批，数学一天一批，作文每学期8篇，要有眉批、总批，批改符号规范统一，评语要符合学生年龄特点，要用鼓励性语言。

（4）教案及作业的检查采取常规检查与抽查相结合，检查记载要真实、客观，报告和反馈要及时。要及时组织好各教研组内的期中和期末检测，及时调控教学，从细节和过程中出质量、增效益，使各类学生都能在各自的基础上得到发展，从而获得教学质量的大面积提高。

（5）每学期都应要求每位教师写好一月一篇教学反思、一篇课改交流论文。

（6）教务处各教研组组织教师认真开展校级和组内优质观摩课。教导处将组织进行观摩，各教研组安排合适的组内公开课。

（7）加强与家长的联系，要建立定期与家长交流制度，在期中和期末考试后召开两次家长会，在合适的时机召开一次学困生家长会。

（8）加强教师间的互相学习，教师每学期应定时互相听课。

2. 抓好毕业班工作，毕业班教师要认真制订工作计划和学科教学计划。要有较高的思想认识和大局意识，要有强烈的责任心和使命感，要将学校的发展与个人利益得失紧密联系起来，教师备课要扎实，课堂教学效率要高，课余时间利用要充分，各类学生辅导要跟得上；要增强团队意识，发扬协作精神，提高工作热情，搞好学科协调，合理安排学生的学习时间，大幅度地提高毕业班的教学成绩。加强综合学科的教学，其考试成绩纳入教师教学质量考核之中。充分调动并发挥每一位毕业班老师的工作热情、工作干劲和聪明才智，以愿干、能干、敢干的魄力和实力确保新学年毕业班目标任务的圆满完成。

3. 加强年级组工作，营造良好的工作和学习环境，使年级组工作成为学校管理中的重要组成部分。

4. 运用多媒体教学，要求每位教师在多功能教室上课不得少于3节。

（三）努力探索教学改革，深入开展教研活动

1. 各教研组应在学期初做好科学的教研活动安排，确保教研活动的实效性。

（1）教研活动要保时、保质，内容丰富，形式多样。

（2）抓好集体备课工作，要抓实效，不得走过场，集体讨论教材、教法、学法等，确定人员，具体实施。

（3）组织示范课，做到先说课、后讲课、再评课，尽量组织教师走出去听课。

（4）抓好选题工作，积极开展课题研究。

2. 持之以恒抓好学困生帮教活动。

（1）对学困生要加倍关爱体贴，认真细致地分析造成学困的原因，并经常与家长联系，得到家长的配合和支持。课堂上多给他们参与的机会，平时多与他们交流，鼓励他们战胜困难，树立信心，力争不让一个学生掉队。

（2）建立学困生档案，并实行质量跟踪检测，使他们获得力所能及的发展。还要充分关注中间生的发展，力求满足每个学生的学习需求。

（3）实行分层管理。按照"面对有差异的学生，实施有差异的教育，获得有差异的发展"的操作思路，实行分层管理，确立学生的主体地位，树立渐进的质量观，达到大面积提高教学质量的目的。

3. 抓好教学研究，加大教科研力度。要求各教研组确定自己的课

题，每一位教师在教学中能体现出课题主题，进一步认真制订并实施课题研究计划，深入教学研究，要切实有效地进行探索、实践，不要流于形式，在课题研究上要有钻研精神、探索精神，要勤于总结研究经验，认真撰写教学论文，不断提高教育科研的能力水平。在课题实施方面，学校领导、各年级组负责人要带头研究，力求早出成绩，快出成绩，出显著成绩。各科教师要认真学习现代教育理论，积极搜集相关教改信息，学会用理论指导实践。

4. 有意识培养名师，关注教师专业成长。组织教师认真学习、研究素质教育理论和新课程理念，促使教师树立正确的师生观、教学观。要求教师加强业务学习，努力提高业务水平，不断进行业务自修和学历自修。学校对教师的专业成长要特别关注，积极为教师搭建展示舞台，努力为教师提供参与机会，促使教师在专业成长的平台上脱颖而出。定期开展教学基本功过关和竞赛活动，面向全体，注重实效，竞赛结果作为考核教师的重要内容，以此引导教师苦练内功，增强教育实践能力。

第三节　在反思感悟中做好工作总结

教务处应在上级教育主管部门的正确领导下，在学校领导的具体安排下，以教育教学工作和全面提高教育教学质量为目标，以学校工作计划为指导，以规范教师教育教学行为，确保学校教育教学各项工作有序地开展，不断提高学校教师教育教学水平为着力点，充分发挥教务处的指导、管理和服务职能，切实抓好对各学科常规教学的检查和监督工作，加大科研力度，务实求真，勇于创新。教务处应树立"以人为本"的教育理念，认真贯彻执行《基础教育课程改革纲要》，坚定不移地推进教学方式和学习方式的转变，以提高课堂教学效率为重点，全面提高教育教学质量。

一、指导思想

教学工作应以课程改革为中心，以课堂教学、教师队伍建设为基本点，进一步更新教学观念，加强教育教学研究，切实提高教师的业务水平，使学校的教学质量稳步提高。

二、全面提高教师素质，让教师成为学生表率

将打造合格、过硬的教师队伍放在各项工作的首位。组织教师们集中学习，通过一些具体措施培养教师的奉献意识、创新意识，不断提高教师的思想素质，让教师处处做学生的表率。例如，可以建设教师读书文化，开展"让读书成为习惯"的教师读书活动。以"以师带生，共读好书"为出发点，积极倡导教师带动学生"多读书，读好书，好读书"，最终达到"与书为伴，与书对话，与书同行"的校园文化氛围，促进教师知识和专业发展走向社会化、生活化与现实化。

三、抓好常规教学工作

1. 教务处要根据本校的实际情况进行认真的分析，建立健全各项责任制度。每节课要求教师提前一分钟进教室，学校要确保开齐课，上好课，防止重语数，轻技能现象的发生。要求教师在进课堂前必须认真备课，保证每一节课的教学质量。每学期要对教师备课集中检查三次，要求教师写教学反思。对作业批改进行不定期检查，要求各班作业都按照学校作业规范化要求来写，做到整洁、工整、错题有订正。在班级管理方面，要求各班每周召开一次班会，召开一次队会，两周办一次板报，并且做好各项记录（班会记录、队会记录、好人好事记录、作业批改记录、家访记录、自习辅导记录、政治学习记录、培优补差记录等）定期检查，并纳入学校责任管理制度。

2. 基础作业的布置讲求实效性，重在对课本知识、技能的巩固。语文基础作业要有生字、小字、课堂笔记、小练笔、大作文、日记等。数学基础作业要有课堂作业、口算等。在设计意图上做到强化学生对基础知识的牢固掌握，坚持以本为本，抓重点，练难点。

3. 作业的设计应在内容上突出开放性和探究性，在容量上考虑量力性和差异性，在形式上体现新颖性和多样性，以此培养学生观察、思考、操作、推理、归纳、总结等各方面的能力，使得学生有更广阔的发展空间。特色作业可使学生作业不再单调，并且也能融合其他学科的内容，不仅能巩固学生所学的基础知识，还体现了层次性、实践性、多样性、趣味性。也不难实现从学生实际出发，关注学生身心的健康成长，让更多的学生有更多的机会去体验成功的喜悦，去感受成长的乐趣。这样还可以让所有的学生都能在完成特色作业的过程中展示自己的智慧、张扬自己的个性、体会做作业的快乐。

四、建构学习平台，促进教师专业成长

1. 加大教育理论学习，促进教师专业成长。结合建设书香校园活动，掀起读书热潮，特别是开展教师读书活动，网上学习与网下学习相结合，学习有关教育教学理论，既能及时了解教改动态信息，开阔视野，又能提高教育教学理论水平。

2. 加强对教师业务能力的培训。积极搞好校内的校本培训，在校内开展师徒结对学习和校内公开课交流活动。同时有针对性地组织教师参加各级各类的听课观摩活动，使青年教师不断提高教师的教研水平和教学能力。

在校内教研活动中，要求教研组长每学期初制定好该组教研计划，写好教研活动记录，学期末做好教研工作总结。要求每位教师在一学期内都要讲一节校内公开课，教师们互相交流，互相学习，取长补短。多举行大规模教研活动以取得较好的教研效果。另外，还要充分利用学校的远程教育设备，组织教师学习专家讲座、优秀示范课等，和校内听课交替进行。

3. 严格规范教师行为，打造教师新形象

要求教师在课堂上始终面带微笑，教态亲切、自然，普通话标准，发音准确，语调富有感染力。教师的范读应情景交融，把学生带入如梦如幻的美景之中。教学的语言应流畅，板书应美观、工整、新颖，仪态应大方，应拥有较强的驾驭课堂的能力。并且应尽量能够得心应手地使用现代教学设备。

五、保障措施

1. 严格按照课程计划排课，确保学生学习的权利，提高学生接受学校教育的连续性和连贯性。

2. 强化常规教学的环节管理，加强对课改的监控，突出学情与教学质量提高的结合。

（1）依据学校教学常规管理规定，坚持做到在教务处的指导、督促下将教案抽查、作业批改抽查、听课记录检查、考试环节检查、上课秩序调查等落实到位。

（2）密切关注教师教学过程中存在的问题，特别是通过期中期末各备课组质量分析及时找出问题，协助教师及时调整教学方法，制订应对措施。

3. 做好教学保障服务工作，协调好各种关系。

教务处正确传达和领会上级主管部门的各种精神，精心安排和协调好各种教学活动，积极为教师的成长提供服务平台，鼓励教师进行业务进修和继续教育培训。认真协调好教学与教研、个体教学与集体教学活动、正常文化课与课外活动兴趣小组、教师自我成长与各种帮带活动之间的关系，以及年级与年级之间、特别是年级组与教研组之间、教务处与其他各处室的关系等，力求各种关系之间有序而和谐。

4. 落实奖励制度。

每学期都应在师生中评选一次"先进班集体""教学标兵""年级之星""班级之星"进行奖励，并张榜公示，在校园里树立榜样，激励师生奋发图强。

六、存在的问题

少数教师职业倦怠情绪较重，工作上欠主动；一部分学生厌学，学习态度不端正，行为习惯不好，成绩不理想；学校的管理方面还有待进一步完善，执行力度也需要加强。

在今后的工作中，小学教务工作应该针对存在的问题认真研究对策，努力整顿改进，全面做好学校的教育教学管理工作，使学校各项工作再上一个台阶。

第三讲　加强教师队伍管理　提高教师整体素质

第一节　定期开展教师培训　提高教师教学水平

一、确立教师培训制度

（一）加强教师队伍建设，建立校本培训制度

1. 成立校本培训领导小组，在领导小组的统一指导下，深入扎实地开展校本培训工作。

2. 凡任课教师都要积极参加校本培训，每学年在校参加培训时间不少于 48 学时，不得无故缺席。

3. 根据学校实际情况，每两周安排两个小时的校本培训，并保证校本培训时间不被占用。

4. 参培教师要根据自身实际情况确定个人发展目标，并有具体的个人学习计划，每学期向学校递交一份个人培训小结。

5. 学校每学期都要制订具体的校本培训计划，各位教师应严格按计划执行。

6. 无故不参加校本培训、态度不端正、培训成绩不合格的教师，本学年继续教育均认定为不合格，并取消当年的年终考核，不得晋级

和晋升职务。

7. 在校本培训中态度认真，成绩优秀，有所创新的教师，学校应给予表彰和奖励。

（二）建立师培工作制度

1. 定期参加政治学习，严格按职业道德规范要求自己，争当师德典型，不断提高自己的政治素质。

2. 定期参加教育理论学习，掌握当代教育理论，完成规定的理论学习内容。

3. 积极钻研教材，对所教学科教材要有深入的研究，保证能较好地教授某学科的一个循环的课程。

4. 积极进行课堂教学改革，努力使自己的教学方法适应素质教育的要求。

5. 积极参加教研活动，探索新的教学模式和教学方法。

6. 骨干教师发挥传、帮、带作用，力争带出一批新的骨干教师。

7. 每位专任教师，每年撰写一篇学术论文或经验文章，力争在各级刊物上发表。

8. 积极参加微机培训，达到上级规定的标准。

9. 按时参加上级主管部门组织的各类业务培训。

（三）建立教师继续教育领导小组工作制度

1. 认真贯彻执行上级主管部门关于继续教育方面的有关文件精神，及时研究落实并积极组织实施。

2. 每学期至少召开两次专项研究继续教育工作的会议。

3. 积极组织教师参加上级举办的各类培训。

4. 积极组织教师参加上级举办的继续教育考试，确保继续教育考试工作顺利进行。

5. 配合上级部门做好考核、办证、验证工作。

6. 坚持原则，秉公办事，支持继续教育工作，认真解决继续教育工作中存在的问题。

7. 领导小组成员要经常深入各教研组调查研究，广泛听取教师意见，了解继续教育活动情况，指导继续教育工作的开展。

8. 学校要经常与上级主管部门沟通，以保证继续教育工作的正常进行。

(四）完善小学教师继续教育培训方式

小学教师的继续教育应采用"全员培训以远程培训为主、骨干培训以面授培训为主、个性化培训以校本培训为主"的方式，实施远程培训、面授培训、教研培训、校本培训等多种形式并存的教师继续教育模式。开展相应的公共选修与专业选修课，完善评价系统，全面落实小学教师继续教育制度。

(五）建立教师继续教育全员培训保障制度

1. 建立继续教育领导小组，指定一名领导（副校长）分管这项工作。

2. 参加继续教育是每个教师的权利和义务，全体教师必须按规定完成相应的培训和学习内容。

3. 制定《继续教育培训方案》《教育教学研究成果奖励制度》，使教师继续教育走上制度化、规范化的轨道。

4. 制定继续教育考核制度，以保证教师全员参加继续教育。

5. 加强继续教育检查监督，保证教师完成继续教育规定的学习任务。

6. 实行教师继续教育成果奖与年终考核挂钩。

二、切实提高教师素质

（一）拓宽教师的知识面

由于现有的教育体制，使部分教师只精通自己本专业的知识，而对其他专业知识知之甚少。随着科学技术的不断发展，一些先进的理念、技巧、意识在工作学习中得到了应用。小学教育技能的发展程度越来越高，这就要求从事教育工作的教师，不仅要全面掌握育人知识，而且要对出现的新知识、新理念、新技巧及时学习，及时更新自己的知识水平。拓宽教师的知识面主要可以通过：

1. 定期参加师资培训。

2. 积极参加函授学习。

3. 主动自学。

（二）安排实习教师进行现场实践

目前部分教师是直接由大专院校毕业分配到小学任教，现场的生产实践经验较少。要体验小学教育的针对性和实用性特点，实习教师就必须定期到现场进行学习。了解本地区的小学教育的实际情况及条件，充实教学内容，以适应小学教育现实的需要。实习期间应做好以下工作：

1. 搜集以往资料。

2. 了解以前的教育过程。

3. 了解学校所应用的新理念、新知识、新能力。

（三）开展集体备课、听课、评课

每一位教师都有各自的特点：有的语言表达能力强；有的理论和实践结合得恰到好处；有的教学艺术和教学方法运用得当。特别是一些刚从学校毕业的青年教师，缺乏教学经验，更应虚心学习。因此，应大力提倡课前集体备课，课中积极听课，课后进行评课，相互探讨、相互交流、相互学习的教学风气，以老带新，以好带差，使全体教师的整体教学水平得到提高。

（四）定期进行评比活动，激励先进

各小学以往的经验证明，通过定期进行"最佳课堂""最佳教案"的评比活动，能够较好地促进教师搞好教学工作，提高教学水平。但在评比时，应以公平、公正、公开为原则。

（五）不断完善教师培养培训制度，为教师提供良好的专业发展的机会，满足教师的求知欲

学校教育教学质量的提高，取决于教师的素质和业务能力，学校应高度重视教师培训工作，把学校建设成学习型组织，引导教师树立终身学习理念，加大继续教育工作的力度，并积极鼓励和支持教师参加各种形式的学历教育和实践技能活动，同时在时间、经费等方面给予大力支持。通过产、学、研的有效结合，提高教师科研能力和实践教学能力，全面提高教师对职业教育改革的适应性。制订具有一定层次性和动态性的教师培训计划，既协调教师整体发展的共性，又能够在不同层次上满足不同教师个体的发展要求，为教师提供公平的发展机遇，激励教师不断创新、不断进取，进行递进式的自我完善。

三、培训促进教师专业发展

（一）培训强化教师的职业精神

"教师职业精神是与教师职业活动紧密联系的具有教师自身职业特征的一些意识、思维活动和一般心理状态，在其职业生活中最突出地表现为一种职业作风。"教师职业要求教师要与时俱进，潜心治学，淡泊名利，自觉做到"行为世范"。教师职业精神来自教师内心对于自

己工作本身的尊重，更多地体现在教师的职业态度和综合能力上。因此，教师培训要注重强化教师的职业精神，帮助教师树立职业理想。能否唤醒教师的职业精神，在一定程度上决定着培训的效果。因为学习是一种内隐的心理行为，没有职业精神做动力，培训目标很难落实。

一要创设情景。在进入具体培训内容之前，可提供大夫救死扶伤、军人救灾抢险的图片等，让教师感受职业特点和职业责任，充分认识参与培训是教师的职业责任，从而以顺应的心态进入培训学习过程。二要突出榜样引领作用。可以列举本地区乃至全国的师德模范，既是师德楷模，又是教学名师，通过剖析其师德修养，体验其成长过程，让教师体会到学习在一个教师成长中的作用，从而产生良好的学习动机。三要引导教师制订个人专业发展规划。教师专业发展规划是教师追求自主发展、自我实现的蓝图。通过制订个人专业发展规划，能突出教师在专业发展中的主体作用，有效引导教师明确自我专业发展目标，监控自我专业发展进程，激励教师自我发展和自我超越，提高参与培训学习的热情。

（二）培训提升教师的理论水平

理论是行动的先导，没有理论指导的实践必然陷入盲动。有效的教育教学必须以科学的理论为指导。教师培训的最终目的是提高专业发展水平，促进教育教学质量的提高。因此，必须坚持用先进的理论指导教育教学实践。落实到教师培训，就要向教师传播先进的教育理论，引领教师研究教育教学规律，为教师提供建构自己教育教学思想的理论支持，从而科学有效地开展教育教学活动。

提升教师理论水平，要植根为进一步推进课程改革服务这一目标，增强教师运用理论指导实践的能力。要加强学习课程改革基础理论。课程改革的基础理论，具有系统性与多元性的特点。必须始终坚持马克思主义这一理论基础，落实促进学生全面发展的课程改革目标。具体讲，必须以马克思主义理论为指导，坚持"三个面向"教育思想和"三个代表"重要思想，践行科学发展观，并将其作为教师培训内容。当然决不能单纯地就理论论理论，而要将理论与实践进行对接解读，认识理论对实践的指导意义，增强理论指导实践的针对性。与此同时，也要吸收和借鉴其他理论，如挖掘我国传统教育理论中的有益成分，学习西方建构主义、后现代主义、多元智能理论等，为课程改革提供更多的启发和帮助。在教师培训中，单凭集中培训进行大量理论补课是远远不够的，培训组织者还要通过推荐书目的方式，让教师自主阅读，吸收理论营养。

（三）培训拓展教师的专业视野

人们常说：视野决定眼界，眼界决定思路，思路决定出路。培训要重视开阔教师视野，眼界开阔，才有发展空间。一般教师特别是农村教师，由于受地域、环境等条件所限，开阔视野就至关重要。拓展教师的专业视野，要着眼于以下几个方面。一是拓展教师的理论视野。通过理论学习，多方面了解教育教学理论，产生"学然后知不足"之感，以此增强学习动力。二是拓展教师的专业发展视野。通过做课、观课、议课以及外出参观考察，具体感知优秀教师的教学水平及发达地区的教育教学发展，发现发展差距，明确发展方向；通过同伴交流，展示各自专业优势和特点，促进反思，产生互学动力。同伴间的互相影响是最有效的教育资源之一，这一培训资源往往在培训中被忽略，其实同伴间的展示，可以产生对照效应，容易有所触动，发现差距，看到不足，找准发展的方向，发展的动力也是显而易见的。

（四）培训历练教师的实践能力

实践能力是个体在实践过程中形成和发展起来的，可以在人的一生中保持持续的发展态势。教师的实践能力主要指教育教学能力、教育科研能力和应用现代信息技术的能力等。教师的实践能力需在实践中提升。

历练教师的实践能力，必须立足教育实践，选好实践载体，提高培训的针对性。教育能力的提升，涵盖内容多，涉及面广，可以作为自主研修的内容，可根据受训者的特点，通过案例研究进行落实。如对一个有网瘾的学生，将采用哪些方法帮助其克服网瘾。在对这一学生的教育过程中，就可以验证哪些方法是可行的，哪些方法是无效的，从而形成普遍规律，为提高教育实效提供方法支持。教学能力的提升，可以以课堂为载体，采用跟岗研修的方式落实。应确定一个研究主题（新课导入、合作学习、师生互动、小结方法等），通过说课、做课、评课，进行研究探索，提升教师某一方面的能力，最终达到"牵一发而动全身"的效果。教育科研能力的提升，以课题研究为载体。教师短期培训进行课题研究，目的不在形成研究成果，关键在于体验过程，掌握方法，形成意识。试想一个没有研究意识的教师怎能培养出有研究意识的学生。教师通过课题选题、开题和结题等程序的落实，学习课题研究的方法，为今后开展课题研究奠定基础。应用现代信息技术的能力提升，在具备操作计算机能力的基础上，可以以信息技术与学科整合为载体，展开学习。但内容不宜过多过深。要根据当地信息技术与学科教学整合的不同发展阶段，确定培训主题，进行培训。

第二节　加强师风师德建设
提高教师道德水平

学校教育教学质量的高低关键因素在于教师思想、业务素质的高低。为确保学校能够拥有一支师德高尚、教育教学一流、勇于探索创新的教师队伍，可执行如下的方法：

一、建立教师成长档案

教师成长档案的内容应包括教师基本情况、教师理论学习和培训记录与成绩、教学成绩跟踪记录、获奖证书和发表论文复印件等。通过建立教师成长档案，对可塑型教师重点培养，对城府型教师加强培养，对发展型教师精心培养，争取培养出一批学习型教师和骨干教师。

二、充分发挥骨干教师的表率作用

要求教研组长、名师的课堂向全校开放，随时接受其他教师的观摩和学习；学部要求师德高尚、教学经验丰富的教师和1—2名年轻教师结对子，并对他们提出具体责任要求，教务处进行督导落实，学期结束前由学校组织进行评估，选出先进师徒进行表彰。

三、针对新的课程标准的有关要求，采取相应的方法

采用在实践中学习的方法，帮助全校教师树立新的教育理念，并要求教师不断在教学中实践、探索。教务处对教师的业务学习和教学实践随时进行督查，发现典型，及时推广。

四、鼓励教师积极参加继续教育

鼓励教师积极参加上级主管部门开设的继续教育、自学考试、函授学历教育、业务培训等。为使教育资源能最大限度地发挥作用，教务处应要求每位教师培训归来要在全校或年级组范围内进行交流，做到"一人参加培训，全体教师受益"。

五、定期进行测试和考核

学校要定期对教师教育理论的掌握情况组织测试摸底，对每位教师

的授课水平进行随堂听课评估，将结果记入个人的教师成长档案存档，并列为内部管理考核的重要内容。

表彰、奖励先进集体和个人，考核结果记入教师成长档案，并与教职工评聘、晋级、提薪挂钩。

六、建立教师业务学习制度

1. 制订学习计划，按计划进行业务学习和自学。

2. 保证学习时间，规定每周某一固定时间为教师业务学习时间，不得占用，全体任课教师必须准时参加。业务自学两周一次。

3. 每次学习都要认真做好学习笔记，学期末学校进行统一检查。

4. 每月任课教师根据业务学习和业务自学内容，写出"学习心得"，上交教务处。

七、建立教师自学制度

1. 树立终身学习的思想，与校本培训相结合，建立教师自学制度。争取经过几年的努力，能够使学校的教师的整体水平得到明显的提高。

2. 建立教师自学制度的目标

通过自学，能够使全校教师的施教水平、敬业精神、创新意识和师德水平得到明显提升。也就是，使绝大多数年轻教师（包括35岁以下）的基本功（包括现代教育技术）、敬业精神、师德水平达到合格教师水平的要求；实现部分教师师德水平较高，教育观念先进，施教能力、创新意识较强，综合素质较高达到成熟教师水平的要求，成为一批骨干教师、学科带头人的目标。

3. 教师自学的内容

（1）新时期师德。

（2）现代教育技术学习和运用（计算机操作技术、多媒体运用技术、课件制作技术、网络信息搜索、提取和传递技术、网络技术等）。

（3）现代教育思想。

（4）课程改革的新精神、新的课程标准及对新教材的把握。

（5）新的教学方法和教学艺术。

（6）教科研的方法和课题。

4．教师自学的形式

（1）每学期至少写一篇2000—4000字有个人独立思想的教育教学论文。

（2）自主学习现代教育技术和网络技术。

（3）每学期独立地做2次高质量的研究型公开课。

（4）每学期听课不少于32节。

5．教师自学的保障

（1）组织领导：教师自学活动的开展是在学校校本培训领导小组领导下统一进行的，按照学校培训方案制订和落实具体计划。

（2）学校每学期筹集和拨发校本专项经费购买新的图书资料供教师阅览。

八、健全机制

健全机制，以科学的评价标准来激励教师的教学工作。一个优秀的教师是必须担当"教书"和"育人"双重工作任务的，所以，加强师德师风建设，必须制定一系列切实可行的师德师风考核指标体系，并将其标准量化。主管部门提供基本条件，不定期举办多学科学者参与的学术沙龙；修改和完善有关管理条例，进一步促进社科管理的科学化和规范化。科学的评价机制应该是鼓励百花齐放，鼓励各有所长。评价机制应充分尊重教师的个体优势，用多元化的评价体系取代"唯科研"的单一化评价体系。

九、营造氛围

营造氛围，以正确的舆论导向为工具塑造教师的良好形象。各级教育主管部门要通过各种媒体、渠道大力弘扬高尚师德，宣传优秀教师的典型，通过真实的人物、感人的事迹，提高教育的感染力和号召力。呼吁全社会都来重视师德建设，来关心教师的现状，监督师德建设实际状况，完成师德师风建设这一艰巨而又复杂的工程，重塑人民教师的光辉形象。同时，要净化校园内环境，营造高雅的校园文化氛围，调动教师学习和活动的积极性和参与性。要通过各种活动，宣传师德理念，进行广泛、持久、深入的师德师风教育，开展校内的师德师风评比，推选师德标兵、先进个人、学生最敬爱的老师、优秀教师等活动。各级部门要通过开展丰富多彩的活动，突出思想内涵，强化道德要求，使教师在参与中思想感情得到熏陶，精神生活得到充实。这样不仅能增强教师的责任感和使命感，也让学生更加深刻地体会到教师人格的感染力和号召力，也能增进师生之间的感情。

十、明确加强师风师德建设的重要性

首先，加强师德师风建设，是教师干事创业的需要。教师要忠于教育事业，就必须加强师德师风建设，树立正确的人生观、价值观，培养崇高的职业理想和高尚的道德品质，做到牢记责任、不辱使命、敬业爱岗、教书育人，在倾洒心血、汗水和智慧，培养优秀人才的同时，享受职业荣耀，收获精神追求，体现人生价值。教师在教育过程中，表现出的是知识才能、思想道德、精神和个性，展示的是教师的灵魂和整个内心世界。教育的特殊性，决定了教师的师德比其他的职业道德要求更高，必须培养爱党、爱国、爱校、爱生的职业感情，形成忠于职守、为人师表、品德高尚、淡泊名利、兢兢业业、无私奉献的职业习惯。只有这样，才能无愧于"教师"这个崇高的字眼，才能做好教育这份神圣的工作。

其次，加强师德师风建设，是学生健康成长的需要。胡锦涛总书记在全国优秀教师代表座谈会上指出，"高尚的师德，是对学生最生动、最具体、最深远的教育"。教育绝非单纯的文化传递，而是一个用人格铸造人格、用心灵唤醒心灵的过程。教师的一言一行，无时无刻不在潜移默化地影响着学生。学生从教师身上，直接接受着思想和道德、情感和意志、知识和技能、启迪和教化。教师本身就是一本无字的书，能以实际行动教会学生怎样做人。教师只有在政治思想上、道德品质上、学识风范上、人格魅力上，以身作则，率先垂范，才能真正为人师表，吸引学生，感染学生，为学生的成长提供示范，帮学生树立远大理想和崇高品德，促进学生全面发展、健康成长。

再次，加强师德师风建设，是推进社会文明的需要。教师的角色地位、社会责任崇高于其他职业，在于其言行、仪表、道德修养会影响其教育对象和社会公民。师德之"德"远远超过了一般的道德范畴。西汉学者杨雄说："师者，人之模范也。"教师对于传播人类文明、开发人类智慧、塑造人类灵魂起着重要作用，一代师风影响着一代人的精神风貌。教师自身的道德修养、人格魅力、精神风范和行为习惯教育学生、感化他人、辐射社会，对创造良好的社会道德环境影响深远，会有力地推动社会道德风尚的进步，对贯彻"以德治国"思想、构建和谐社会具有十分重要的现实意义。

第三节 按时进行经验交流 提高教师管理水平

一、指导思想

全面贯彻党的教育方针，以"三个代表"和科学发展观为指导，认真学习先进的教育思想和新的课程标准，积极实践课程改革的理念，全面提高教学质量，以学生为中心，本着"一切为了学生，为了一切学生，为了学生的一切"，突出教研工作的先导性，强化教研活动的针对性，充分发挥教导务的"研究、指导、服务"的功能，以提高课堂教学效率为重点，切实做到"凸显特色，狠抓质量"，加大课堂改革的力度，进一步强化教学教研工作的服务意识，即为领导决策服务，为学校主动发展服务，为教师专业发展服务，为学生全面发展服务。

二、具体措施

（一）深化课程改革，推进素质教育

1. 按照课程目标，巩固课程改革的新理念和实施策略。

2. 正确把握素质教育前行方向，引领教师准确理解和运用新课标，促进素质教育的有效推进。各学科要严格按照学科课程标准组织教学教研，不随意增加难度和降低要求，课时安排和课程评价要符合课程标准的要求。要立足于常态课堂教学，加强与学校教学同步的常规教研，把校本教研置于真实的教学语言、真实的学习表现、真实的教学情境、真实的课堂基础上，把校本教研贯穿在教师教学设计、教学过程实施和教学反思的全过程。

（二）加强学习研讨，提升教师素质

1. 加强理论学习，转变教育观念，夯实教学功底。立足于打造

"师德高尚、素质全面、水平一流、人民满意"的教师队伍目标，建立健全学校师风师德管理制度，开展相关教育活动，把师风师德建设纳入学校管理的重要内容，在行政、教师中树立爱岗敬业、无私奉献的精神，提高师德修养和学识修养，做学生的良师益友，树立教师良好的社会形象。

2. 加强实践研究，改进教学行为，磨砺教学功底。各学科应结合各项活动，力争使不同层面的教师都能得到实践锻炼的机会，在实践中探索适合学生发展需要的有效的教学操作行为，在实践中磨砺教学功底，并结合具体典型的教学案例，组织广大教师进行研讨，调动教师参与教研的积极性，与广大教师共同协商、平等对话、澄清认识、共同提高。

3. 培养梯队，继续抓好骨干教师队伍的建设。进一步加强青年教师培养工作。结合学校的中远期规划，有目标、有层次、有措施地加强师资队伍建设，强化学科骨干、教学能手争创意识。

（三）立足课堂教学，开展教学研究

课堂教学是素质教育的主阵地，也是落实新课标的主渠道。教师要立足课堂，深入践行教研教改探索，用新课标的理念指导教学，树立"只有统一的教学理念，没有统一的教法模式"观念，要主动构建具有自我特色的个性化教学模式，在课堂这个舞台上展示自己的风采。

1. 扎实课堂教学研究。课堂教学改革要在五个方面取得进展。一是"实"：教学过程应该及时检测和评析，检查是否夯实基础，是否掌握主干知识，是否能运用所掌握的知识解决实际问题，并且及时跟踪补救；二是"巧"：要对教学内容巧分析、巧安排、巧设计，选择恰当的教法，力求充分展示知识的发生和形成过程，针对不同层次的学生采用不同的教学方法，让学生在学习的过程中学会学习；三是"精"：

要做到"量要适度，质在其中，精心选择，效率当先"，教师在教学中应该做到语言简洁，抓住要点，分析透彻，重点和难点处理得当；四是"活"：灵活采用"换说法，改条件，验结论，重过程"等方法把问题展开，灵活地将问题交给学生，从知识到问题，从问题到方法，从方法到能力，师生互动，达到教与学的最佳结合；五是"新"：教师在教学过程中要勇于创新，要培养出具有创新精神的一代新人。

2. 推行集体备课制度。以教研组为单位，不定时进行集体备课，形式不限。

3. 组织教师围绕课程改革，深入研究课程改革过程中出现的实际问题，将课程改革的关键点、困难点作为课题进行研究，并进行相关的教研活动。

4. 加大教研组的建设，充分发挥教研组的作用，加强理论学习、教学研讨、集体备课和说课、评课，充分利用学校的教学资源，汲取先进的教学经验。

5. 可适当开展送课下乡的公益活动。

6. 要求每位教师在教学实践中不断反思，总结经验教训并上升为理论，形成经验性文章，并鼓励教师积极参加各级论文评选活动。

7. 加强教育科研管理。认真履行管理、培训、研究、推广和评价职能。做好学校教育科研课题管理和过程研究，指导教师确立"问题即课题，反思即研究，成效即成果"的科研意识，引导教师针对教学中存在的问题，开展微型课题研究，注重优秀教育科研成果的推广。

8. 加强"老带新"工作，发挥老教师的示范、指导作用。

（四）狠抓教学管理，提高教育质量

规范有效的教学管理是顺利实施课程改革，提高教育质量的重要保证。进一步完善和规范学科教学的操作流程和督查评估机制。按照

"遵循教育规律，运用科学方法，提高教育质量"的工作要求，强化教学常规管理，进一步优化教学过程。采用"监督、指导、检查、评比"等方法和手段，本着"详细、严格、务实"的态度，使常规工作规范化、制度化。督促改革备课模式，突出"以人为本"的思想，多联系实际，少搭花架子。实行月检查、月报制度，月查、月报制度做到一月一汇总，检查要针对实际，从严出发，分析存在问题，提出指导意见，并要将一月一次的汇总情况及时向学校汇报。

（五）实行民主管理，吸收教师参与决策

教务处对学校相关工作决策的正确与否，直接关系到教育方针的贯彻执行和学校常规工作的顺利开展。因此，只有发扬民主，充分听取教师的意见，集思广益，才可能减少决策中的失误，纠正偏差，才能使决策既体现学校大多数员工的意愿，又反映出学校领导者的要求和期望，进而充分调动教师的工作积极性，将决策顺利贯彻执行，提高工作效率。只有这样，才有管理的基础，也是尊重知识、尊重人才、尊重教师的名义之举。具体工作可这样操作：

1. 激励教师在学校重大问题上发言，建言献策。让教师也介入学校管理，知道学校面临的是什么问题，该怎么办，使他们意识到个人在集体中的重要性，产生心理上的满足。这样便能达到学校领导与教师间的有效沟通，和谐共生，产生向心力，充分调动起教师的责任感。

2. 和教师一起制定把先进经验付诸实践的措施、方案。

3. 建立教师参加评估学校的制度，并认真实行。

4. 全面推行校务公开，落实学校管理的民主化。

通过实行民主管理达到三个高度：一是唤起教职员工对学校工作的重视和兴趣，在完成工作任务后感到欣慰和满足；二是让教师了解、认识学校工作的目标、内容、方法和相互关系，学会协作；三是通过教师亲自参与，从中得到经验、启示，培养能力，使不同的教师都得到提高。

（六）从具体的教育教学工作中正确评价教师

教务处应介入到具体的教育教学工作中，密切与教师的关系，了解教师在工作中的甘苦，并在工作上和生活上为教师创造更多的方便条件。这样，有利于及时得到教师信息的反馈，有利于对教师作出具体、深入、正确的评价；并进行有针对性的指导、帮助；使其获得心理上的满足和荣誉感等积极的情绪体验，提高工作热情；达到教学技能日臻完美。采用的方法有：

1. 对新、老教师分别进行有计划的课堂评价工作。

2. 运用绩效强化对教师的成绩和效果公正评价。

3. 组织教师听优质课、区域性研究课、改革课，广泛宣传先进教师的教学经验。

（七）帮助受挫折的教师

清除教师在工作中遭遇失败时产生的心理挫折是教师管理中不可忽视的问题。而问题处理得好，不仅能调动教师工作的积极性，同时也能提高教师的心理健康水平。对于教师在受挫折后产生出的破坏性的消极反应，学校应给予同情、容忍和谅解。不能将其与常态下的不良行为等同看待。

1. 教务处的相关负责人要富于同情心、忍耐心，善于帮助，及时创造解决问题的氛围，达到解决问题的目的。

2. 在解决问题时，要注意心理治疗，教务处相关负责人可以根据具体情况采用个别谈话、生活会、意见征求会等方式，让受挫折的教师有抒发怨气和不满的机会，达到心理平衡，从痛苦中解脱出来，使之把本职工作提高得更好。

（八）为教师创造良好的工作、生活环境

积极性的心理源泉来自人的需要。教师除了具有一般人的需要外，还有其自身需要，即事业的需要，希望有较好的工作和生活条件，希望得到培养和提高。可以从以下几方面入手：

1. 解决好教师的生活问题，使他们对学校有一个良好、舒适的感觉。

2. 活跃教师生活，开展丰富多彩的教师娱乐活动，使教师放松心情，避免教师过度疲劳。

3. 在工作量上，尽量兼顾新教师和中老年教师。尽管说要给新教师压担子，但由于刚从学校出来，经验欠缺，培养需要一个过程。而中老年教师，特别是接近退休年龄的教师，需要多休息。

4. 积极为教师成长搭建平台，真正搞好校本研培工作，发现苗子，培养新人。推出优秀教师、骨干教师送市、区培训提高。激发成就动机。

5. 为新到校教师接风，为退休、离校的教师举行欢送会，使在校的教师受到教育，看到希望，产生一种荣誉感。证明学校对教师财富的重视。

6. 进行校园环境的美化建设，创造舒适的工作环境。

7. 同上级、社会团体、企事业单位联系，筹措资金提高教师的福利待遇。

总之，学校可根据教师的需要，正确诱导，尽力满足他们的正当需要，以解除其后顾之忧，提供良好的工作和生活空间，使教师在工作中顺心、舒畅。

（九）建立良好的人际关系

积极的、良好的、和谐的人际关系，可以为一所学校带来教育教学工作的生机。

1. 要善于维护教师的声誉，善于同教师商量，虚心接受教师的批评和意见，关心教师的需要和要求，工作中配合默契，形成一种相互信赖和尊重的氛围，切忌拉帮结派。

2. 举办各种活动，沟通情感，为以后工作创设良好的氛围。

3. 对教师取得的成功，学校领导应及时给予表扬，肯定他们对学校做出的贡献。

第四节　开辟军事化与人性化相结合的教师管理模式

校以师为本，此乃办学者的共识，大凡名校，无一不是名师云集的地方。邓小平同志曾说过："一个学校能不能为社会主义建设培养合格人才，培养德智体全面发展，有社会主义觉悟的有文化的劳动者，关键在教师。"建设一支高素质的教师队伍，是办好一所学校不可回避的主题，师资管理是学校管理工作的先导。师资管理的成效在一定程度上决定了学校的盛衰存亡。加强教师队伍的管理，做到人尽其才，同心协力地为办好学校而努力工作，是当前小学管理工作的重要课题。

一、认清教师的地位，确立教师管理的立足点

如何认识教师在学校教育工作中的地位和作用，涉及到对教师队伍的根本评价和管理的指导思想。如果肯定教师在学校教育中应有的地位和作用，管理工作将有相应的积极措施，重视发挥教师的作用，激励他们去工作，去取得教育教学成果；如果否定他们应有的地位和作用，管理工作则将采取消极的管卡压办法，教师的积极性就无从发

挥，他们的工作质量当然也不会提高，所以，要提高教师队伍的管理水平，首先在指导思想上要明确教师在学校中应有的地位和作用。

教师在学校教育中处于什么地位，起什么作用呢？

1. 教师决定学校的性质和方向。只有一支思想、文化、业务、工作素质好的教师队伍，才能培养出有道德、有理想、有文化、有纪律的合格人才。如果教师素质低，那么学校的性质和方向实质上也将随着发生变化。因为教育方针、政策、计划、课程标准等只有通过教师的教育和教学实践活动，才能转化为现实。科学的实践导致良好的结果，错误的实践带来不堪设想的后果，这是已经被无数的事实所证明了的。

2. 教师是塑造青少年的灵魂工程师，是教育的主导者。教师对形成学生世界观、道德品质、社会责任感的基础有潜移默化的作用。近朱者赤，教师的示范和指导，影响学生一生的发展方向。学生从教师那里获得文化科学知识、治学方法、思维方法，进而发展个人的智能和特长，成为不同层次的合格人才。总之，学生的成长、学生全面发展水平的提高，都离不开教师的指导。教师在教育、教学中的主导作用是人所共知的，教师的这种作用，社会已经给予了高度评价。

3. 教师是教改的主力军，他们的教学活动决定教改的成功与失败。教师的教育思想、教学水平、事业心、责任感以及他们对学生的热爱程度直接关系并决定教改的广度和深度。教改是一项复杂的工程，单靠行政决定是解决不了问题的，教师对教改的积极态度才是教改成功的希望所在。学校的教育实践告诉我们，在学校的环境相似，教师学历、文化、业务等条件基本相同的情况下，教师个人的改革意识起决定性的作用。一个改革意识较强、锐意进取的教师，他所教的班级，学生学习兴趣比较高，学习质量比较好；与之相反，则学生学习兴趣不浓，学习质量也比较差。这足以说明，教改的真正希望在教师。

认清教师的地位和作用，是做教师管理工作的立足点和前提。离开这个前提谈教师管理，管理工作就失去了积极意义，缺少了主心骨，因为教师管理的真谛在于唤起教师的责任感、自豪感以及主动精神，引导教师以主人翁的姿态创造性地进行工作，以取得高质量的教育成果。

二、研究教师的工作特点、心理特点，明确教师管理工作的依据

了解教师的工作特点、心理特征并据此安排教师管理工作，使教师管理工作有科学依据，管理工作才能做到实处；工作无依据，脱离教师实际，隔靴搔痒，无法做好教师管理工作。教师管理工作应该注意四个问题：

1. 大胆加强思想教育，强化教师的积极心理因素，克服消极心理因素，提高政治热情，坚定社会主义信念，不断增强事业心、责任感。

2. 适当地安排教师工作，避其短，用其长，引进竞争机制，建立公开的教师业务档案，展览教师教育、教学成果，交流各种经验，为教师提供均等的开拓事业的机会和条件，要求教师成为学生的表率，尽心竭力地完成岗位任务。

3. 激励教师的进取精神，制定合理的规章制度，从激励和制度方面去调动教师积极性，帮助有才华而热情进行改革的教师脱颖而出，施展其才能，实施其抱负，增强教师队伍的活力，促进全体教师健康成长。

4. 安排好教师生活，培养教师高尚的生活兴趣。教师的性格是多样的，生活兴趣同样是多样的，管理者的责任是寓教育于教师的多样的生活兴趣之中，启发教师正确看待生活，明确生活的目的和意义，减少生活中人与人之间的闲言碎语和是非纠纷。有计划地充实教师的

业余生活，解除教师家庭生活的后顾之忧，使美好的生活和奋力工作协调一致。

三、发扬民主，尊重教师，依靠教师办好学校

对教师管理者来说，发扬民主可以体现教师的主人翁地位，并使学校领导的决策建立在群众的智慧基础之上；发扬民主才有宽松和谐的环境，沟通领导和教师的感情，彼此得到认同，有利于开展教学研究和教改实验。发扬民主、培养民主精神是教师队伍建设的重要内容之一，它将给教师队伍带来活力，使教师队伍更加生气勃勃。

尊重教师、依靠教师办好学校是学校管理的一条重要原则，这条原则也是管理教师队伍指导思想的核心部分。管理教师，必须有尊重、依靠教师的观念。依靠教师工作，理应尊重教师，能够尊重教师，才能更好地依靠教师。只尊重教师而不依靠教师，尊重落不到实处；只依靠教师工作而不尊重教师，教师的积极性很难发挥。因为，依靠不等于尊重，尊重也不等于依靠。管理教师的指导思想，应该把尊重和依靠统一起来。

四、重视教师的培养提高，建设稳定合格的教师队伍

教师的根本任务是教好学生，教好学生的前提是教师本身首先应该是合格的。"名师出高徒"，不合格的教师，教不出合格的学生。教师管理的根本目的是使教师成为胜任工作的合格教师。合格教师就是要有比较渊博的知识；要能掌握教育科学，懂得教育规律；要有高尚的精神境界。为此教师培养提高的着重点是：提高思想道德素质；提高科学文化素质；提高业务素质，组织教师系统地学习教育理论，增强以科学的教育理论为指导去组织教材、处理教材和运用教法的能力，以及组织观察、教育学生的能力，做到按教育、教学规律办事；提高

工作技能素质；提高教师的身体素质，教师的身体是教师工作的载体，健康的体魄保证教师有承受繁重工作的精力。未老先衰，力不从心，势必削弱教师的工作。合格教师的条件，也包括身体健康在内。

教师培训的原则是：系统进修与研究教材教法结合；政治学习与业务学习结合；个人自学与集体研讨结合；学习文化、业务知识与实际教学结合；全员提高与骨干提高结合。教师管理者制订好培训计划，坚持贯彻培养教师的要求，一抓到底，做出成效；专人负责，以老带新；开讲座，补缺补漏；观摩教学，互相学习；专题研究，交流经验；参观访问，扩大视野；压担子，边教边学；提供资料，保证时间；照顾特殊，稳定学习；调查研究，实验改革，等等。总而言之，教师的培训提高要有计划，持之以恒，通过长期的实践来达到预期的目的。

以上教师队伍管理的四个方面，即肯定教师在学校中的主人翁地位、教育的主导作用；从教师工作特点和心理特征出发安排好教师工作；依靠教师，尊重教师，发扬民主，办好学校；不断提高师资水平，建设稳定合格的教师队伍四个方面构成教师管理的整体指导思想，在这个整体思想的指导下，以积极的态度，做好教师管理的各项工作，提高管理工作质量，教师队伍最终会发生深刻的变化。

五、重视教师需求

教师的需求无外乎物质需求和精神需求。管理者在管理过程中要设法满足教师的这种需求。管理者不一定要上多少课，但是一定要懂教学，懂教师。管理者既要研究教师，也要研究教学，还要研究社会。在精力的分配上可以这样安排，研究教师的精力要多些，研究教学的精力少些，再把部分精力放在搞好外部环境，争取上级、社会对教育的支持上。通过多方努力，多种渠道筹措教育经费以不断满足教师的物质需求。

管理者还应该清楚教师的精神需求，并设法尽量满足。教师的生活圈子基本就是学校、家庭，生活模式就是上课、备课、改作业、找学生谈话，给人的印象总是从早到晚忙个没完。管理者要努力给这些单调的生活加点活跃元素，要懂得调控教师情绪，努力打造一个充满朝气和活力的校园。比如常组织教师搞一些文体活动、联欢活动、社会活动。要走出去、请进来，结合课改常组织一些校际交流，拓宽视野、增进了解、互通有无、共同提高，只搞闭门造车是行不通的。教务长还要多找老师谈心，了解他们的生活、工作和学习中的苦与乐，走进他们的心里，明晰他们的心理需求，适时调整工作思路甚至学校发展的策略。

六、依据表现给奖励

首先，奖励制度的制定要充分地体现民主，制定的目标也要合理、正确、恰当，才能产生最大的期望值。踮起脚就能摘到的果子，给人手到擒来的感觉，没有一丝成就感，跳起来还摘不到又让人可望而不可及，容易让人产生消极态度，于个人发展和工作完成都不利。

其次，奖励要给得其所，给得及时。当制度形成以后就要按制度办事，依据其个人表现按章办事。无论出现什么状况都不得有半点的折扣，这样才能取信于老师，才能充分地调动教师的积极性。

管理也是生产力。学校管理做好了教师就不是旁观者，在他们的心里就会产生"学校为我，我为学校"的积极心态，他们的主动性、积极性、创造性就能发挥到极致。

第四讲　进行全面有效、张弛有度的学生管理工作

《小学生守则》和《小学生日常行为规范》是对全体学生日常行为表现的基本要求，是对学生进行养成教育的有力抓手，是学校加强和改进学生日常管理和教育工作的重要依据。因此，为培养学生初步具有良好的道德品质和行为习惯，全面实施素质教育，依据德育有关文件，学校教务处可以制定本校的学生日常行为规范守则。

第一节　制定全面合理的学生日常行为规范守则

为切实贯彻《小学生守则》和《小学生日常行为规范》，全面落实《国务院关于加强未成年人思想道德建设的若干意见》，规范学生行为习惯，全面提高学生素质，可以针对学校实际情况，制定学生日常行为规范守则。

一、守则内容

总则

一、热爱祖国。尊敬国旗、国徽，会唱国歌，升国旗、奏国歌时要肃立、脱帽，行注目礼，少先队员行队礼。

二、热爱学校。维护学校的良好声誉和形象。仪容仪表要整洁规范。

三、尊敬师长。见面行礼，主动问好或道别。

四、孝敬父母。主动帮助父母做事；听从父母和长辈的正确教导。

五、举止文明。待人礼貌，说话文明，会用礼貌用语，及时感谢别人的帮助；到他人房间要先敲门，经允许再进入。在公共场所行走脚步轻，靠右行走。

六、诚实守信。不说谎话，知错就改。答应别人的事要努力做到。不随便拿别人的东西，借东西要还，损坏公物要赔偿，拾到东西要归还失主或交公。

七、勤俭节约。爱惜粮食，珍惜学习、生活用品，不挑吃穿，不乱花钱，节约水电。

八、认真学习。按时上学，不迟到；课前准备好学习用品，上课专心听讲，大胆发言，不懂就问；课后认真复习，按时做作业，书写工整规范。

九、锻炼身体。积极参加有益的文体活动，认真做广播体操和眼保健操。

十、遵纪守法。遵守交通规则；爱护公共财物；遵守公共场所的秩序。

细则

（一）进校要求

1. 周一升旗仪式穿好校服，其余时间尽量穿校服，佩戴好胸卡。正确佩戴好红领巾，要求红领巾整洁，端正佩戴胸前，衣领翻出盖住红领巾。天气炎热等情况需要改变红领巾佩戴参照大队部决议。

2. 家长送至家长接送线留步；学生主动向家长道别。

3. 学生至校门口，立正，敬少先队员礼，向值日教师呼："老师早！"

（二）两操要求

1. 听到早操铃响后迅速排好队伍。整队时保持楼道安静。按顺序随进行曲节奏进出场，上下楼梯脚步轻，靠右走。

2. 做广播操、课间操时，队伍整齐，听口令按节奏做操，动作正确有力。

3. 做眼保健操动作要认真、正确，值日同学及任课教师要督促和纠正错误的姿势，体育课、电脑课、音乐课等在专用教室的同学也必须做好眼保健操。

（三）课间要求

1. 下课后，学生有次序地走出教室，在走廊和楼道里自觉靠右走，不奔跑，不喧哗。

2. 课间洗手时要注意爱护公物，水龙头轻开轻关，要注意节约用水，保持厕所地面干燥。

3. 课间要适当休息，上完厕所后再进行小运动量活动，不追逐打闹，不做剧烈的运动，不做危险的游戏，提前回教学楼，进教学楼上台阶时不要拥挤，高年级学生要谦让低年级学生，做到脚步轻、不喧哗。

4. 课间活动时听从老师安排，文明活动，健康锻炼。

（四）午餐要求

1. 下课后，先洗手再就餐。各班学生排好队依次有序进食堂。不抢先，轻拿轻放。

2. 在自己的座位上坐下就餐，不讲话。低年级学生由老师负责分饭菜，高年级学生由桌长负责分饭菜。每桌由一名同学负责拿筷子，数好本桌同学需要的筷子，不多拿。如遇身体不适，或有其他特殊要求，向班主任提出，在班主任的指导下，采取相应措施。

3. 爱惜粮食，不挑食，不浪费。就餐完毕，把餐具轻轻放到回收处，并叠放整齐，倒骨头或剩饭菜时要注意保持地面的整洁。及时整理清洁自己就餐的座位，做好个人的清洁卫生（洗手、洗脸、漱口等）。

（五）放学要求

1. 放学铃声响起，任课老师下课后，应尽快整理书包，到走廊上排队。排好队后由带队老师负责带下楼。下楼梯时注意安全，靠右行走。

2. 自己回家的学生到达一楼大厅后，安静地站在指定的位置上。高年级的学生负责照顾好低年级的学生。不在大厅内游戏、大声喧哗，要听从值日老师的安排。

3. 按带队老师要求排队，路队整齐，两队路队的负责同学拿好"让"字牌，在带队老师的带领下穿过马路，穿马路时路队要排紧凑，听从老师指挥，尽量快速穿过马路。中途不得擅自离开路队。

4. 家长来接的学生由带队老师统一带到校门口，家长接到学生后，学生要向放学的老师道别。学生不在学校逗留玩耍。家长未来校接的学生，由值班老师统一安排等候家长来接。

5. 遇到下雨，统一排好路队在一楼大厅等候家长来接。

6. 班主任应经常、及时了解有关学生放学路队中的表现情况，作出表扬和批评。

（六）文明礼仪要求

1. 爱护教学楼环境，不乱扔纸屑，见到地面上有纸屑要主动捡起丢入果壳箱内。开关门声音轻，爱护教室里的各种电器设备，班级中有专人负责。损坏公共财物要赔偿。

2. 语言要文明。学会使用礼貌用语，及时感谢别人的帮助。

3. 保持教室环境卫生。地面无纸屑，课桌椅横竖一条线，卫生工具排放整齐规范。

4. 课堂礼仪：

（1）学生迟到时，应站在门口喊"报告"，经老师允许方可进入教室，课后还应向老师讲明迟到原因。

（2）学生回答问题时，应先举半臂右手，经老师允许后起立发言。发言时立正站直，目光正视老师。发言后经老师许可再坐下。

（3）上课时，不穿脱鞋，不可赤脚。夏天男生不能只穿背心，女生不穿吊带衫，冬天不可戴着帽子、围巾、口罩上课。

（4）有听课老师或来访者光临班级，同学在班长带领下齐呼"老师好"，离开时应道"老师再见"。

（5）学生进入办公室时要敲门，喊"报告"，经老师允许才可进入。在教师办公室不可乱翻老师的东西。

（6）同学之间要相互尊重，和睦相处，不吵架，不打架，不侮辱别人。

（7）当学习中遇到困难向别人请教的时候，态度要诚恳，发问时别忘记说"请""麻烦"等词；当同学帮助解决问题后，不要忘了致谢。

（8）如果偶尔忘了带尺、笔等文具用品，要向同学借用时，应先征得对方同意，不能用完后再告诉对方，更不能未得到同意就去翻别人的书包或文具盒；东西用毕归还时，要请人家检查一下，当他收下你还的东西后，要再次表示感谢。

（9）体育课和课外活动课时不和同学争抢体育和游戏设施，关心、爱护低年级同学。

（七）学习常规要求

1．按时上课、不迟到、不早退、不随便缺课。有事要向班主任老师请假。

2．上课时精神饱满，专心听讲，仔细观察，认真思考，积极发言，勇于质疑问难。

3．写字时，胸离桌一拳，书离眼睛一尺，握笔手离笔尖一寸。书写格式规范、字迹工整、大小适中、作业本保持整洁，一、二年级用铅笔书写，三、四年级逐步过渡到用钢笔书写，五、六年级用钢笔书写。

4．每日放学前，在家校联系本上认真记录好黑板上的各科回家作业。

5．写作业时，独立思考，不抄袭，按时完成，有错及时改正，养成预习、复习的习惯。

6．积极参加体育活动，每位学生都达到《国家体育锻炼标准》。

7．多看课外书，养成阅读习惯，提高阅读能力，不看内容不健康的书。

（八）升降国旗要求

为了认真贯彻落实《国旗法》的有关规定，全校师生应做到：

1．升旗仪式在每周星期一早晨举行，重大节日或纪念日应举行升旗仪式。

2．举行升旗仪式时，在校的全体师生参加，身穿校服，整齐列队，面向国旗。

3. 升旗仪式程序：

（1）宣布升旗仪式开始。

（2）出旗：旗手持旗，护旗手在旗手两侧，齐步走向旗杆，在场的全体师生肃立。

（3）升旗：奏国歌，全体师生脱帽、行注目礼，少先队员行队礼。

（4）唱国歌，和着节奏，声音洪亮。

（5）国旗下讲话，肃立，认真听讲，不交头接耳，不窃窃私语。

（6）宣布升旗仪式结束。

（7）每日傍晚，旗手按规定降旗。

（8）每日升降旗时，凡经过现场，以及在教学楼中的师生员工都应面对国旗、自觉肃立，待国旗升降完毕时，方可自由行动。

二、贯彻小学生日常行为规范守则

在小学教育工作中，抓好学生守则的贯彻，是一项根本性的建设，它对于学生的健康成长有着很重要的意义。

一、从实际出发，逐条贯彻、逐条落实各校在全面宣传、动员的基础上，按阶段提出要求和措施，每个阶段突出一个中心，有计划、有步骤地逐条落实。

二、从青少年特点出发，坚持正面教育，使守则教育形象化。学校在贯彻守则教育中始终坚持了正面教育，表扬为主的原则，把守则教育寓于生动、活泼、丰富多彩的活动之中，从而调动广大学生的积极性，促使学生积极主动地接受教育，做贯彻学生守则的主人。

三、充分发挥教师的主导作用和少先队的组织作用。在贯彻守则过程中一些学校领导深有体会地说："要把守则贯彻好，教师是主力，班主任是关键，团队组织是一支不可忽视的重要力量。"

第二节　做好学生各种档案、材料的分类、存放与管理

"个人档案"是一个人一生生命轨迹的缩写，是用人单位了解一个人情况的非常重要的资料，也是一个人政治生涯中的重要组成部分，绝不可小看和忽视。一个人只要需要工作、需要生活，就离不开与社会上一些单位、一些部门打交道，建立起个人档案既是工作的需要，也是社会的需要，更是一个人在社会上工作和生活的需要，这是单位或企业了解一个人的重要手段。没有档案的人当然就不便于单位或企业了解你，对个人是肯定不利的。所以，应从小学起就注重档案的保存。

一、统一认识，加强领导

学校领导及广大教职工都要强化档案意识，自觉支持和做好学生档案工作。学校领导要把学生档案工作纳入议事日程，把学生档案建设当作全校一项基础性的工作常抓不懈。同时加强管理，将学生档案管理工作纳入有关职能部门的目标管理，在布置、检查和总结学生管理工作的同时，布置、总结和检查学生档案工作；另一方面，学校要认真落实档案管理所需的人员、经费、设备等问题，做到人员到位、经费到位、设备到位。

二、加强学生档案材料的收集，规范学生档案的整理

学生档案材料的收集要保证学生档案材料的完整、齐全；文字材料纸张规格要统一，书写要规范、字迹工整，归档的材料不得使用圆珠笔、纯蓝墨水、铅笔、复写纸等书写，要求不出现错别字；除传真

件需复印存档外，一般不得用复印件代替原件存档；班主任鉴定要根据学生实际，尽量能表现出各个学生的特点。学生档案的管理应有一个指定的归口部门进行统一管理。档案整理过程中，要将档案袋内有关材料名称填写到档案袋封面目录一栏内，材料名称要求填写完整、规范，并且保持内外名称一致、顺序一致，具体材料以时间先后为序。

三、严格毕业生档案转递制度，加速学生档案工作现代化的步伐

一方面，必须认真执行档案转递制度，严格按照档案转出的程序进行。另一方面，对学校毕业生档案中能够体现在学校期间德智能绩的综合材料，如毕业生登记表、学生成绩总表、毕业生基本情况表（积分总表）等材料形成一式两份，其中一份存放在毕业生本人档案中，另一份存放在学校的学籍档案中。这样做的好处是便于今后部分学生的档案丢失后重新建档。

总之，学校学生档案管理工作是学校基础工作的重要组成部分，在做好档案的收集、整理、归档工作的同时，又做到主动提供服务，使档案的价值得以充分体现。档案管理人员既要熟悉室藏档案资料，注重档案的收集质量，提高档案的利用率，还要及时对可利用的反馈信息进行综合性的分析、研究，找出工作中的不足，以科学的态度，把学校档案工作做得更好，使之发挥出更大的作用。

第三节　完善学生奖惩措施
激励学生积极向上

一、指导思想

以新修订的《义务教育法》为准绳，为全面贯彻执行教育方针政

策，积极推进素质教育，及养成勤学好问、勤奋刻苦的学习习惯，激发学生学习热情，培养德才兼备、乐观向上、健康成长、和谐发展的新型的合格学生，小学教务处应制订相应的奖励方案。

二、主要目标任务

1. 本着"一切为了学生，为了一切学生，为了学生的一切"的宗旨，努力将学生培养成全面、健康、和谐发展的合格人才。

2. 激发学生学习的斗志和热情，营造良好的学习环境和学习氛围。

3. 规范学生的行为，培养他们积极乐观、健康向上的良好个性，使之成为德才兼备的优秀学生。

4. 培养学生正确的行为品德，导正偏差行为，使之改过迁善。

5. 激发学生荣誉心，建立乐观进取、乐于助人的人生观。

6. 鼓励学生保持优良表现并发扬光大，更上一层楼。

7. 养成学生良好生活习惯，建立符合社会规范的行为。

8. 确保班级教学及学校教育活动的正常进行。

三、主要措施

（一）设立奖励制度

1. 奖励类别

（1）学业方面

认真学习、习作优良、评量成绩良好、成绩进步（自我比较）者。

各项学艺活动表现优异者。

资质较差的学生，但能积极参与、努力学习者。

其他有关学业方面表现优良者。

（2）品德方面

工作积极、能自动自发完成所交付任务者。

富有爱心、同情心、热心助人、爱护公物者。

爱整洁、有礼貌、守秩序、主动协助老师者。

拾金不昧（缴交相关单位妥善处理）者。

其他行为态度表现优良者。

（3）服务方面

担任学校纠察队、卫生队、大队长、乐队或班级干部表现优良者。

担任各处室相关之小义工表现优良者。

担任校外活动遴选之干部具有优良表现者。

其他团队成员或团体活动表现优良者。

（4）竞赛方面

参加校内语文、才艺、技能、体育竞赛获个人成绩第一名者。

代表学校参加校外语文、才艺、技能、体育竞赛获个人或团体成绩者。

（5）特殊表现

在学校或校外善行义举，可以称为模范行为的表现，如拾金不昧（含贵重物品）者。

急救伤员、济助贫困、奋勇救灾者。

2. 奖励方法

（1）班级奖励

班主任就学生的优良表现颁发荣誉证书（需盖班级戳章并签名）。

班主任依学生荣誉证书标准勾选优良事迹，并给予核章，学生集满 60 个章后，请校长颁奖并合照。

（2）特定奖励

定期评定成绩优良、进步奖，由教务处全权负责，评定后一周内

请校长颁发奖状。（视经费发给奖品）

评选服务表现优良奖，如纠察队、卫生队、小义工等，由教务处长核定名额书写奖状，于学期末请校长颁奖。

其他如家长会奖学金等由教务处全权负责，会同家长会会长择日颁发表扬。

（3）特殊奖励

校内语文、才艺、技能、体育竞赛，于比赛完近期内由承办单位书写奖状，请校长颁奖表扬。

参加校外语文、才艺、技能、体育竞赛，可将奖牌、奖杯带回学校，请校长代为颁发表扬。

代表学校参加上级主管部门主办的各项竞赛，可将奖牌、奖杯带回学校，请校长公开表扬。

3. 奖励原则

（1）奖励方法除用荣誉证书、奖状之外，多用口头赞美、精神鼓励。

（2）奖励要公正、公开，要当众表扬。

（3）奖励要适度，勿滥、勿苛，以维奖励之意义。

（4）奖励要实时，勿拖延遗忘。

4. 经费来源

（1）班级奖励的荣誉奖状由学校开支。

（2）奖状或奖品等开销，由总务处统一列入相关经费项下开支。

（二）对违纪学生的处罚规定

凡违反《小学生守则》，违反校纪、校规者视情节轻重给予必要的处分。

1. 处罚类别

（1）批评教育：发现学生不尊重师长，不遵守校规、校纪应及时给予批评教育。班主任对有较明显违纪行为的学生进行批评教育，记录在班主任工作手册上，并记录学生的改正情况。

（2）警告：受批评教育一学期累计超过 10 次以上仍无效者；严重违纪、打架斗殴、小偷小摸等不良行为经教育帮助无悔改者；严重损坏公物而隐瞒不报者；一学期旷课累计 6 节以上 15 节以下者。警告由班主任上报材料，年级组长确认，报少先队大队部备案，并口头通知学生家长，记入本人学籍表。

（3）严重警告：经警告后仍无效者；不遵守社会公德，在社会上造成恶劣影响者；一学期内旷课累计 15 节以上者。严重警告以书面形式进行，由班主任上报材料，年级组长签署意见，少先队大队部批准，全校大会宣布，并书面通知学生家长。

（4）记过：经严重警告后仍无效者；发生严重的违反校纪校规行为，在学校和社会上造成很坏影响者；一学期旷课累计 30 节以上者。记过由少先队大队部上报材料，校办公会议讨论，校长批准，张榜公布，并报上级有关部门备案。处分后，考察期为一学期，如受处分者在考察期内有悔改表现或有明显进步，经本人申请，可予撤销处分。

（5）还可以实行一些特别的惩罚，例如：

a. 交由家长或监护人带回管教。

b. 转换班级。

c. 辅导改变学习环境。

2. 违规条例

（1）故意损坏公物或攀折公有花木情节重大者。

（2）欺骗师长、同学或朋友，情节轻微者。

（3）携带或观看有不健康内容的书刊、图片或影带、光盘者。

（4）随地吐痰或丢弃垃圾，妨碍团体整洁，观瞻或公共卫生者。

（5）冒用或伪造家长文书印章者。

（6）不请假离校外出者。

（7）不服从纠察队或班级干部纠正者。

（8）担任班级干部不尽职尽责，影响工作推展者。

（9）不遵守交通规则，情节较重者。

（10）出入不正当场所者。

（11）无故不参加重要集会或活动者。

（12）违反知识产权相关规定，情节严重者。

（13）树立帮派或参加不良组织者。

（14）集体械斗或殴打同学，情节轻微者。

（15）诬蔑师长，情节重大者。

（16）考试舞弊者。

（17）蓄意规避公共服务，并影响他人者。

（18）行为不检，有毁校誉，情节重大者。

（19）酗酒、赌博、吸食或注射麻醉品，经查明属实者。

（20）有窃盗行为者。

第五讲 进行全方位、多角度的校园管理工作

制定校规是法律赋予学校进行自主管理的权利之一，但这并不意味着学校可以随意制定校规。校规的制定应坚持合法性、合理性、民主性、教育性、精确性和平等性原则。

第一节 制定全面合理的校规校纪

可依据学校实际情况，参考以下几方面，制定符合学校实情的校规校纪。

一、具体内容

（一）上学

1. 每周一早晨准时到校参加升旗仪式，每个同学做到严肃认真，少先队员行队礼，其他同学行注目礼。

2. 每天按时到校，不旷课，有特殊情况不能到校必须请假，人人背好书包，早晨到校后自觉安排早读。

3. 每日穿好校服，佩戴好学生卡到校，做到衣着整洁，仪容大方，举止文雅，谈吐文明，少先队员戴好红领巾，共青团员佩好团徽，按照学校规定理好学生发型，不把凉鞋当拖鞋穿。

4. 遇到师长要点头示意、问好、表示敬意。

（二）上课

1. 做好上课准备，预备铃一响，每位同学应立即就座，准备好学

习用品，静候老师上课；班长要督促检查。

2. 上课铃响后，班长喊"起立"，师生立正互相问好；学生坐下后，副班长应向老师报告出勤情况，老师登记在出勤表上。

3. 学生迟到，必须在教室门口喊"报告"，经老师允许后方可进教室就座。

4. 上课坐姿端正、专心听讲，做好课堂笔记，积极思维，踊跃回答老师的问题，做到脑到、眼到、耳到、手到。发言应先举手，老师指名提问时，学生应该起立，回答问题用普通话。

5. 做好预习、课后复习和作业。

（三）下课

1. 老师喊"下课"，班长喊"起立"，互相敬礼后下课，待老师离开教室或经老师示意后，学生有秩序地全部离开教室。值日生擦净黑板并把门窗打开，使空气流通。

2. 课间不追逐打闹，不登高攀树，不乱丢纸屑，不随地吐痰，不搞剧烈活动。

3. 进教师办公室喊"报告"，经同意后再进入。

4. 同学间不讲粗话，爱护学校一草一木、一桌一椅，保护环境卫生，离开教室要关灯。

（四）活动

1. 准时参加课间操，列队做到快、齐、静。做操认真、准确、有力。

2. 认真做好眼保健操，做到穴位准、手法对，用力适当，坐姿端正。

3. 充分利用现有场地、器械，积极参加课外文艺、体育、科技等活动。校运动队、文艺队按规定时间进行训练。

4. 积极参加校园劳动和社会公益劳动。

（五）放学

1. 放学后，值日生要把教室、走廊及门前包干区打扫干净，关好电灯和门窗。

2. 自行车应停放在指定地点；骑车不载人，不超速行车；不在操场骑车，进出校门要下车；遵守交通规则，注意行车安全。

3. 按时回家，帮助家长做力所能及的家务。

4. 晚上科学安排时间，做到有复习、有预习，独立完成作业。

（六）养成良好的学习习惯

1. 课前预习的习惯。依据提示，通读课本，找出难点，完成预习作业。

2. 课前准备的习惯。预备铃一响，马上进教室，书本放好，安静端正坐好。

3. 出声早读的习惯。早读内容明确，按时到校早读，出声读书，读记结合，手脑并用。

4. 认真上课的习惯。专心听讲，积极思考，大胆发言，做好笔记，努力做到当堂理解、记忆。

5. 课后复习的习惯。阅读理解教材，复习笔记，记住要点，当天功课当天复习掌握。

6. 独立作业的习惯。到校先交作业；作业保质保量，按时缴交；独立完成；口头作业也要完成好；注意教师的批改，及时订正错误。

7. 安静自修的习惯。自习课不讲话、不做小动作、不看课外书、不离开座位，自己复习写作业。

8. 勤学好问的习惯。刻苦用功，努力上进；不懂就问，当天的疑问当天就解决，决不放过；放学后可与同学互相讨论问题。

9. 晚上读书的习惯。不管作业完成与否，也不管有没有作业，每天晚上都要认真读书半小时以上。

10. 认真审题的习惯。作业、考试时先审题再作答。

11. 书写工整的习惯。字迹清楚，字体工整，作业整洁，格式正确。

12. 整理书包的习惯。每天睡觉前应把明天要交的作业及要带的学习用品整理好放进书包。

13. 单元总结的习惯。每一单元学完后，要利用列提纲、绘图表等手段，对这一单元的知识点、重点、难点进行归纳整理，比较记忆。

14. 学习分析的习惯。每次考试后，都要对试卷中出现的问题进行认真分析、总结，找出做错题的原因并提出改进的方法。

15. 讲究效率的习惯。学习有良好环境，按时学习；学习有计划，有监督和检查；不断改进学习方法和记忆方法，注意提高学习效率。

16. 珍惜时间的习惯。不随便浪费时间，注意利用在校、在家的点滴时间学习，放学后不随意等同学，不进电子游艺室，不在上学或回家路上到处闲逛。

17. 勤查工具书的习惯。

18. 阅读书报的习惯。

（七）学生行为十不准

1. 不准抽烟、喝酒、赌博，不准偷窃。

2. 不准乱扔石子，不准破坏花草树木，不准破坏公物。

3. 不准谩骂侮辱教职员工，不准打人、说粗话。

4. 不准进营业性舞厅、KTV、桌（台）球室、电子游戏室，不准同学间搞生日聚会。

5. 不准吃零食，不准随地吐痰、乱丢纸屑、乱倒垃圾、用脚踩印墙壁或在墙上乱涂画。

6. 不准传看淫秽录像、书刊。

7. 不准烫发，男生不留长发，女生不做怪发型，不佩戴首饰，不涂脂抹粉，不穿耳洞。不穿拖鞋进校。

8. 不准骑车载人或在操场骑车，不在球场外打球、踢球，不准在课间打球、踢球。

9. 不准考试作弊，不准抄袭作业，自修课不得吵闹。

10. 不准穿奇装异服。

（八）学生行为十项常规

1. 课堂常规：上课前准备好学习用品，静候老师上课，上课专心听讲，积极回答老师的提问，做到课堂有秩序。上下课时，起立向老师致敬。

2. 三先三后常规：做到先预习后上课，先复习后作业，先审题后作答。

3. 课间常规：下课不做激烈运动，不打闹，做到课间有秩序。

4. 卫生常规：做到地上无纸屑、痰迹，墙上无污迹，卫生无死角。

5. 衣容仪表常规：做到进校穿校服，佩戴学生卡，男生不留长发，女生不烫发，不留长指甲，不佩戴首饰。

6. 升旗仪式常规：做到整齐、严肃，唱国歌时歌声嘹亮。

7. 课间操常规：做到快、齐、动作准确。

8. 眼保健操常规：做到准时、认真、准确。

9. 爱护公物常规：做到桌面无刻划，门窗无破损。

10. 礼貌礼仪常规：做到言行有礼貌，会使用文明用语（您好、您早、请、谢谢、再见、对不起、没关系等）。

二、制定校规校纪应注意的问题

1. 体现民主性和科学性

教育专家魏书生在制定班级公约时，是引导学生自己讨论、商议确定，这样制定的班规对学生自身的约束性、强制性、引导性比由学校、老师制定的要强。为此，校规就应该由教育的其他主体、利益相关者共同参与制定，至少应该包括学生本人、学生家长、政府，以及关心教育的社会公众，而不应该仅限于一个学校的管理者自身。同时还可以让社会、家庭对学生在遵守校规方面进行监督。现在一些学校的校规引发争议，不仅在于它们是否过严的问题，而是这些校规的制定缺乏民主的程序，缺乏对教育的其他重要价值的顾及。

2. 注重学生身心健康

孩子的天性是活泼的、好奇的，他们富有冒险精神和创造激情。这些都使得他们不肯安安稳稳地行走，不愿意单调刻板地度过每一天。高明的教育工作者，不是粗暴地压抑孩子的活泼天性，不是人为制定一大堆条条框框，而是顺应孩子的天性，遵循孩子身心发育的科学规律，引导他们去提问、探索，给家长和老师制造"麻烦"，甚至是在不断"犯错误"中长大成人。很多时候，作为管理者往往把学生犯的这些错误估计得太重，总希望学生规规矩矩、校园安安静静，管理者（包括教师）自身能够得到被管理者（学生）的尊重。因此，有时学校为了达到这个目的，可能会有降低处罚起点、加大处罚力度的倾向。

3. 有利于学生个性发展

有人对中国和西方发达国家的基础教育进行了比较研究，发现中国的中小学对学生普遍管教过严，西方中小学的管教则相对宽松。打一个不太恰当的比喻，中国偏重于"圈养"，西方偏重于"放养"。在"圈养"环境中成长的中国孩子容易循规蹈矩，在"放养"环境中成长起来的孩子，则比较擅长于开拓创造。教育和管理是一门艺术，需要教育者和管理者具有非凡的智慧与爱心。一些学校之所以习惯于对学生实行"圈养"，或许正是因为这样做付出的成本更低，可能遇到的困难更小，而学校和老师更容易"偷懒"。

4. 校规要体现人文关怀

制定校规要"以学生的发展为本"，多用阳光温暖，少用严霜摧打。所谓人文管理，是指从人的情感、需要、发展的角度来理解管理。学校管理是和人打交道的工作，而人是有情感的，不同的人有不同的情感，有不同的发展需求，管理者应根据具体情况选择不同的方式方法开展工作，同样的一件事，发生在不同的人身上，可能需要管理者采用不同的处理方式。可见，人文管理表现出来的形式常常是微观的、具体的、差异性的，或者说人文管理实质上是一种柔性管理。实施人文管理符合社会经济和教育发展的大趋势。让校规体现人文精神，变过去的学生被动接受管理为学生主动自我管理，从而营造民主友善、平等和谐的校园环境，培养学生的诚信、自尊、自爱的高尚人格。

总之，校纪校规，是一个小环境内的"法规"，订立的初衷也是为了更好地服务于教书育人这个大目标。校纪校规也应与时俱进，能够多站在孩子的角度来考虑，否则在法律法规建设日益完善、人们的法制观念日益加强的今天，很容易惹出麻烦。

第二节　不断改善校园建设

一、校园建设的内容和核心

1. 校园建设的主要内容：校园制度文化建设、校园活动文化建设、校园物质文化建设。

2. 校园建设的核心内容：围绕学校办学理念，努力实现文明健康的校园文化环境。

二、总体实施策略

（一）加强校园建设核心内容的外塑和内化工作。

1. 在理念的指导下，进一步完善和建设校训、校风、教风和学风。

2. 加强校园物质文化、制度文化、活动文化的建设。

（二）校园建设要本着"整体规划，明确目标，循序渐进，分步实施"的原则。

三、具体目标与措施

（一）学校管理工作目标

学校管理以规范为基础、以情感为纽带、以合作为方法，强调以人为本，着眼于学校、教师和学生的发展，体现人文关怀。主要措施如下：

1. 根据教育政策法规，健全规章制度，规范教师教育教学行为，使之有章可循。促进学校管理科学化、规范化、制度化。

2. 强化计划管理，增强工作的计划性，做到工作责任到人，事事有落实，件件有回音，确保教育教学目标的实现。

3. 重视情感管理，关心教职工的工作、学习、生活，努力减轻教师的工作压力和心理压力，切实为教师解除后顾之忧，创设"团结、民主、和谐、宽松"的氛围，让教师的主人翁意识得到强化，教研、教改的积极性得到最大限度的调动。

4. 加强教学规范化管理。严格执行国家课程计划，推进学校体育、艺术、科技工作；坚持规范的办学行为，切实减轻学生负担；建立和完善教学管理制度，抓好落实教学常规过程的督促、检查、反馈和考核环节。

5. 深化质量管理，完善师生评价体系。建立符合素质教育要求的学生学习和成长的综合素质评价体系，把好质量关，重视抓落实，通过定期和不定期的检查、抽查手段进行质量跟踪与监控。

6. 重视学生学习管理，培养学生学会学习，学会生活，养成良好的学习与生活习惯。

7. 切实加强学校安全工作，牢固树立"安全第一"意识，建立健全确保师生安全的各项规章制度。以此为基础，确保教学活动正常进行。

8. 加强廉政建设和行风建设。严肃财经纪律，规范教育收费，制止乱收费现象。建立民主监督机制，确保校务公开落到实处，使教职工知校情、参校事、议校政，增加工作的透明度。

9. 实行民主管理，坚持民主决策制度，凡重大问题集体研究决定。对敏感问题要通过教代会讨论，形成既有民主又有集中，既有统一意志又有心情舒畅的良好运行态势。

（二）班子建设工作目标

建设一支和谐力、凝聚力、战斗力强的干部队伍，行政要争当学者型领导，争当创新型领导，争当勤政型领导，带领全校教职工立足本职岗位，积极进取，开创和谐共事、人心思进、生机盎然的新局面。主要措施如下：

1. 行政要加强学习，每年至少读4本理论书籍，并做好读书笔记。通过读书学习，要学以致用，不断提升政治思想素养和业务素质。

2. 注重自身形象建设，提升人格魅力，树立团队精神，工作中不推诿、不拖拉、顾大局、互理解、共支持。

3. 班子成员深入教育教学一线，参与教研、听课、调研等，并将此作为干部考核标准，及时掌握工作情况，指导教师教育教学行为，广泛征求群众意见，不断改进和创新工作方法，提高工作的实效。

4. 实施和完善干部竞聘上岗制度、工作考核制度和述职制度。

（三）教师队伍建设工作目标

以教师专业化发展为主线，建设一支乐于奉献、勤奋工作、主动发展、自主学习、长于研究、业务精良、善于交流、具有高度责任意识的人数较多的教师队伍，争取培养出优秀的教学能手和学科带头人。主要措施如下：

1. 立足校本培训，根据教师专业发展不同阶段的需求，学校提供不同的校本培训内容。主要开展基础性培训和发展性培训。基础性培训：面向教师的共性辅导，安排如新课程标准、教师职业道德、现代信息技术、教育案例和教育论文撰写等内容。发展性培训：根据不同层次教师提供不同辅导，安排专家面对面指导，开展参观学习、专题报告、名师导读、名师带教、教育科研等活动。

2. 提高教师信息素养。对行政人员、教师进行中文输入、Word、Excel、Power Point、网页制作等基础培训。

3. 提倡教师上课自制课件，有能力自制课件的教师要配给设备。中青年教师每学期至少要完成 5 个 ppt 课件。

4. 在部分中高年级开展试点，建立学生成长档案袋，班主任、信息技术任课教师做好指导工作。

（四）校园建设具体目标

建设现代化学校硬件设施，努力体现现代化、信息化、园艺化，为提高教育教学质量和促进人的全面发展起好物质保障作用。主要措施如下：

1. 积极争取政府和上级主管部门支持，改造学校危房。

2．装备好音乐教室、美术教室、自然教室、电脑教室、图书阅览室、档案室、教工之家等。

3．完成校园网络建设，配置多媒体设备。

4．筹措资金，加大对校园环境投入，完成绿化工程，建设优美的育人环境。

5．改善教师办公室条件。逐年更换学生课桌椅。

第三节　定期进行校园安检
确保学生远离危险

一、指导思想

为了认真贯彻落实教育部有关学校安全工作要求，全面加强学校安全工作，切实推进"平安校园"建设，小学教务处应继续贯彻"安全第一，预防为主"的方针，进一步推进以学生安全为本的各项安全管理工作。

二、具体措施

（一）健全管理制度

1．强化目标考核。结合学校工作重点分解细化各项要求，健全安全工作目标考核制度，完善激励措施，把安全目标考核作为教师个人业绩考核和评优的重要内容，严格实行"一票否决"。

2．完善制度措施。按照国家法律法规的要求，将继续完善学校安全管理的具体管理方式制度办法，全面制定对各类安全隐患排查、整治、监控的具体措施。认真总结近年学校安全工作经验教训，探索规律，找准问题，提出对策，努力提高安全工作水平。

（二）大力加强安全教育

1. 加强学生安全教育。努力提高学生安全教育的针对性和实效性，切实做到进教材，进课堂，进头脑，着力培养学生的以人为本、关爱生命、关注安全的理念，增强安全意识，提高安全行为能力。创造浓郁的校园文化氛围，形成良好的育人环境。

2. 开展丰富多彩的教育活动。利用班会、队会活动、活动课、学科渗透等途径，通过讲解、演示和训练，对学生开展安全预防教育，使学生接受比较系统的防溺水、防交通事故、防触电、防食物中毒、防体育运动伤害、防火、防盗、防震、防骗、防煤气中毒等安全知识和技能教育。还可利用学校广播、黑板报、横幅、标语等宣传工具及举行主题班会、讲座、安全征文与知识竞赛等活动形式开展丰富多彩的安全教育。积极推行每月安全提醒，利用周前会议和周一升旗活动时间，小结上周安全工作，强调安全事项。通过这一系列教育，提高广大学生的安全意识、安全防范能力和自我保护能力。

3. 学校与家庭充分结合。安全教育应发挥一切可发挥的力量，为进一步落实"安全第一，预防为主"的方针，学校应与家庭充分合作，通过开家长会、与家长签订安全管理责任书，共同为学生创造安全、健康的学习生活环境，确保学生人身安全。

（三）督促责任落实

1. 强化责任意识。建设平安校园，确保师生安全是办好让人民满意的教育的基本要求，小学应把安全工作摆在各项工作的首位。牢固树立"推动发展是第一要务，确保安全是第一责任"的观念，强化安全责任重于泰山的意识，强化安全工作重在防范的意识，强化事故防范重在管理的意识。

2. 狠抓责任落实。坚持落实"一把手"的第一责任制度，落实

"一岗双责"的要求，做到责任落实到人，人人有事管，事事有人管。强化责任追究，出了任何安全事故直接追究其责任人，并上报上级相关部门给予应有的处理。

3. 完善保障机制。应不断健全学校安全工作机构，落实工作人员，强化保障措施，理顺管理体制，建立学校安全工作的长效机制。

4. 加强部门配合。在各级政府统一领导下，学校协同有关职能部门加强对学校安全的综合治理，明确分工，落实责任，加强沟通配合，强化检查督促和具体指导，做好日常监管工作，完善齐抓共管的工作格局。

5. 对校舍进行定期、全面的检查。在雨季、大风天来临之时学校应该对校舍进行全面彻底的检查。平时时刻留心校舍安全，如发现问题及时上报，进行修理。

6. 加强防盗工作。落实值班制度，对贵重设施、设备落实保管负责人，节假日安排教师值日，确保学校的安全。

7. 加强校内学生活动的安全工作，要求教师对学生进行安全教育，不做危险性游戏。体育课上，教师要工作到位，思想集中，严格督促学生的动作要规范，方法要科学。开展一系列大型活动前，学校应在计划上报批准后再落实活动，认真组织，确保安全，不管是教师还是学生，都要把安全放在第一位，不得离群，不得上危险地段，不得做危险举动，保证活动安全顺利地进行。

三、校园安全文化及其意义

1. 有利于陶冶学生情操，提高学生的人文素养

校园文化创造了一个陶冶人们心灵的场所，以校风、班风、文化传统、价值观念、人际关系等方式表现出来的一个高度的观念形态就是校园精神文化，又被称为"学校精神"，是学校在长期的教育教学中

形成的，代表学校价值观和包括学校管理者在内的全体师生员工意愿的、反映学校整体目标和方向，具有推动学校教育事业不断发展的一种群体意识和精神力量。是对学校形象以及学校师生员工个人形象的一种精神倡导。它以其特有的魅力与作用对教师和学生的行为产生潜移默化的影响。

安全文化作为校园文化的亚文化自然会体现"学校精神"。在一个盛行安全文化的校园中，把师生的人身安全提到了至高无上的地位，本身就是对生命尊严的尊重，在校园的安全设施、安全制度和活动中处处彰显出"以人为本""以生为本"的理念，闪耀着人性的光芒。在此氛围下，"人文思想"的种子自然而然地在学生的心灵中播下。

2. 杜绝不安全行为的发生，有利于社会稳定和和谐社会的建立

校园文化作为一种氛围会对所有处于这种环境中的人产生无形的影响，尤其是把"安全意识"作为一种意愿和群体意识及学校整体目标时，安全制度、周围人的安全意识和提醒，随时指导和规范师生的一言一行，杜绝不安全行为的发生。全体师生在校园自觉遵守安全制度，注意杜绝事故苗头，注意防范，无疑是对学校的安全最有效的保障。

3. 有助于建立民主和谐的师师关系和师生关系

校园安全文化作为学校成员共同创造的群体文化，寄托了学校成员对安全的理想、希望、要求，满足了成员共同的合理的正当的需要，使学校群体产生强烈的内聚力和激励力量。能够激发校园对学校目标的认同感。在形成共同目标之中，学校往往需要发扬决策民主，调动教师、学生积极性，从而有助于和谐师师、师生关系形成。而且安全本身体现了对师生、对生命的尊重和关爱，这种关爱无疑是良好、和谐师师关系、师生关系的促进剂。

【案例】

某小学校园安全工作的时间安排

二月份：

在开学典礼上对学生加强安全教育

三月份：

1. 进行安全宣传教育

2. 开展学校第一次安全大检查

四月份：

1. 检查学校各项设施的安全

2. 做好庆祝"五一"的工作

五月份：

做好劳动节期间的安全保卫工作

六、七、八月份：

1. 开展学校第二次安全大检查

2. 做好暑假守校安排

九月份：

学校与班主任签订安全工作责任书

十月份：

1. 开展学校第三次安全大检查

2. 开展防溺水的安全教育

十一月份：

整理档案资料迎接镇的安全工作大检查

十二月份：

1. 开展学校第四次安全大检查

2. 开展学校安全责任人考核

【附录】

学校安全检查记录表（样表）

学校：　　　　　　　　　　第一责任人：

学校具体负责人：　　　　检查人：　　　检查时间：　年　月　日

检查内容	安全隐患类别	存在问题	拟整改措施	整改时限	整改单位及责任人
一、饮食、饮水安全					
1. 饮食安全					
有无食堂或学校食堂卫生设施及设备（锅炉、燃气等）是否达标	A11				
管理人员是否经过安全卫生知识的培训	F4				
学校食堂、小卖部及从业人员有无证照	F2				
有无建立食堂物资定点采购和索证、登记制度与饭菜留样制度	B3				
所有食品是否存放在卫生、安全的场所	B3				
蔬菜是否进行了漂、冲、洗、去毒的环节	B3				
2. 饮水安全					
饮用水是否来自正常渠道	A7				
饮用水是否定期检测且达标	F3				
自建井周边是否存在污染	A7				
水井、水塔是否定期进行清洗、消毒	B3				
水井、水塔有无加盖、加锁	B3				
3. 零食安全					
校园内小卖部有无销售"三无"食品现象	D3				
校园周边有无制售"三无"食品现象	E4				
膳堂是否存在搭售"三无"食品现象	D3				

检查内容	安全隐患类别	存在问题	拟整改措施	整改时限	整改单位及责任人
二、校舍、场地安全					
C、D类危房是否拆除，B类危房是否维修加固，是否存在使用危房的情况	A1				
生均校园、校舍面积是否达标	A2				
学生宿舍不足（校外租房、一床两生等）	A3				
学校有无围墙、校门	A5				
校园内有无厕所	A6				
学校未按规定设卫生室	A9				
楼梯、走廊是否符合安全标准	A4				
体育课、劳动课场地、器材、设施是否安全	A10				
校园内施工项目是否有安全隔离设置	B3				
校园内道路、校舍楼道、走廊有无照明设施	A14				
学校周边有无危房或正在施工无设置安全隔离带的建筑工地	E5				
三、交通安全					
校园周边道路交通有无警示性标志等	E2				
学生上学途中桥梁、渡口有无隐患	E3				
学校校车是否符合规定	A15				
接送师生机动车辆是否存在安全隐患	E1				
集体外出是否注意了交通安全	D1				
四、水、电、火、盗、气、毒、网络安全					
是否配备了消防器材并定期检查及更换	A12				
学校周边池塘、水库、江河有无安全隐患	E3				
是否存在上课及课余学生私自游泳的情况	B3				
学校电路及设施是否安全，师生用电是否安全	A14				

检查内容	安全隐患类别	存在问题	拟整改措施	整改时限	整改单位及责任人
校园内是否有高压线通过，周边变电站或变压器有无安全隐患	A14				
防雷设施是否达标	A13				
学校宿舍是否存在火灾隐患	B3				
食堂存放燃料处是否安全	B3				
林区学校防火是否采取了安全措施	C2				
学校资产等存放点有无安装防盗设施	D10				
学校门卫管理是否松懈	B3				
家属宿舍燃气（天然气、液化气等）设施、安装等是否安全	B3				
实验室、医务室药品管理是否规范	D9				
有无开展禁毒、防毒教育，学校有无禁毒措施	C4				
学校校园网络（校园网）、计算机教室（含计算机控制房）管理是否规范	B3				
五、管理制度、教育及学生行为安全					
是否成立了领导机构	B1				
有无签订责任状	B2				
生师比是否达标	F1				
有无按要求配齐医务（保健）人员	F1				
是否建立了安全制度且不断完善	B3				
是否建立了重大突发事件应急预案	B5				
突发公共卫生事件信息通报是否通畅	B3				
学校是否将安全教育纳入教学内容	C1				
是否组织师生有针对性地开展了安全知识教育	C2				
是否聘请了法制副校长或开展了法制教育	C6				

检查内容	安全隐患类别	存在问题	拟整改措施	整改时限	整改单位及责任人
是否组织师生开展了常见病、传染病防治宣传	C3				
是否组织师生开展了多种形式的事故预防演练	C5				
对控制学生常见病、传染病有无预防措施	B4				
举办校内外师生大型活动有无安全保障、应急措施	D1				
是否组织相关人员进行安全管理培训	F4				
有无组织学生参加商业性以及成人从事的活动	D2				
学校是否聘请了不符合要求的教职工	D4				
晚自习学生未离校之前，学校有无负责人和教师值班、巡查	D5				
教学楼楼道有无提示标志或下课时有无教师巡查	D6				
门、窗、讲台、课桌、床架等有无严重破损	A8				
实验仪器和体育器材管理是否规范	D8				
学生宿舍有无门锁、门栓，女生宿舍有无安全保障设施	D7				
是否存在伤害女生的情况	B4				
是否存在学生打架的情况	B4				
校内外是否存在暴力的情况	F5				
对有不良心理及行为的学生是否有专门的帮教措施	C6				
近期校园周边有何安全隐患	E4				
是否按时上报安全隐患排查情况	B3				
本次检查中存在的最主要的安全隐患					

第四节　定期进行食品检查　确保学生饮食健康

一、指导思想

以"三个代表"重要思想为指导，以建设"平安校园"、构建和谐社会为目标，建立健全食品安全知识教育工作机制，切实把学校食品安全知识教育工作放在突出位置抓紧抓好，提高广大师生食品安全意识和自我保护能力。倡导科学合理的饮食习惯，严防食品安全事故的发生。

二、定期进行食品安全工作的措施

（一）加强领导，明确职责

切实加强对学校食品安全工作的领导。学校成立食品安全领导小组，明确职责，责任细化。健全并落实各项学校食品安全管理制度，明确每个环节每个岗位的责任，确保采购、加工、供应、贮存等关键环节安全可控。一旦发生食品安全事故，必须立即报告当地食品药品监管部门和上级教育行政部门。同时，立即妥善进行应急处置，最大限度地降低食品安全事故的危害和负面影响。

（二）加大宣传，营造氛围

1. 利用学校宣传媒体营造宣传的氛围，采用集中与分散相结合的教育方式学习食品安全知识。

2. 可利用周一升旗仪式进行几次以食品安全为主题的国旗下讲话。

3. 邀请有关专业人员开展一次及以上的食品安全讲座。

4. 每班出一期食品安全知识的板报，开展一次以此为主题的综合实践或班队活动。

5. 大队部出一期食品安全的宣传报，发放一份以此为主题的倡议书。

6. 各班主任根据计划上好每学期 5 次的食品安全专题课，低段 1—3 年级组织观看食品安全卡通片，中高段 4—6 年级可组织阅读《食品安全教育读本》。

（三）突出重点，狠抓落实

1. 加强学校食堂安全监管

学校食堂监管从源头抓起，严把进货渠道关；加强食品卫生日常管理，并有专人负责，积极配合卫生监督部门落实卫生防病和食品卫生管理措施，规范食品烹饪方法选择的科学性；禁止向学生出售变质的食品和"三无"产品，依法强化学校食品卫生后勤管理，让学生吃上放心的饭菜，坚决控制学生食物中毒事故的发生。

2. 加强校外摊点治理

与有关执法部门联系，积极工作，借助他们的力量整治和管理校外无证摊点。同时学校大队部通过检查，约束和教育学生不得到无证摊点购买零食。

（四）加强业务培训工作，提高监管水平

认真参加好上级部门组织的师资培训班，同时，学校对教师进行一次及以上的培训，让教师自己首先学会食品安全的有关知识和有关法律常识，以此更好地教育学生。

三、加强小学生食品安全意识

（一）我国的小学食品安全教育体系存在的问题

1. 正规的学校教育体系还不健全。目前，我国小学课程中并没有开设专门的消费者教育课，只在品德与生活课、社会课等与素质教育相关的课程中有少量消费知识的内容，而涉及到食品安全教育的内容很少。

2. 食品安全教育的针对性不强。教育内容主要是食品安全科普知识，以及相关的消费者保护法律法规宣传等，由此可以将食品安全教育的主体理解成狭义的消费者教育。

3. 教育培训的方式还有待于进一步改善。大多数形式都是以面对面教育为主，宣传成本高，受众面小。另外，所用的宣传资料多为文字材料，图文并茂、浅显易懂的材料少，难以吸引小学生的注意。

（二）加强学生食品安全意识的办法

1. 建立和完善食品安全科普教育网络，开办食品安全讲座、知识竞赛，组织权威专家编写内容丰富、形式生动活泼、易于小学生接受的食品安全知识系列课外科普读物，提高小学生食品安全常识。可以借鉴国外的经验，立足于小学生的行为特点，教育要形式丰富，极富趣味性。如食品安全移动彩色图书、食品安全移动游戏等等。

2. 针对少年儿童群体进行食品安全知识的普及，设立小学生食品安全义务培训课。

3. 组织开展通俗易懂、丰富多彩的食品安全教育活动。以社区、学校为基点，开办"食品安全教育家长课堂"，营造全社会共同关注少年儿童食品安全的社会氛围。

【附录】

学校食堂检查项目表（样表）

检查项目	检查内容	检查结果		
		符合	不符	备注
组织制度建设	是否有食品安全管理机构并配备专职或兼职食堂食品安全管理人员			
	是否落实食品安全责任制度，明确各岗位、环节从业人员责任			
	是否定期检查食品安全并有记录			
经营范围	实际经营项目与许可范围是否相符，是否存在超范围经营问题			

检查项目	检查内容	检查结果		
		符合	不符	备注
食堂环境卫生	食堂环境是否定期清洁和保持良好			
	是否具有消除鼠、蟑螂、苍蝇和其他有害昆虫及孳生条件的防护措施			
	是否具有足够的通风和排烟装置			
落实索证索票制度	学校食堂采购食品及原料、食品添加剂及食品相关产品是否验收并具有进货台账			
	库存食品是否在保质期内，原料贮存是否符合管理要求			
	是否存在国家禁止使用或来源不明的食品及原料、食品添加剂及食品相关产品			
	食用油脂、散装食品、一次性餐盒和筷子的进货渠道是否符合规定，是否严格落实索证索票制度			
清洗消毒	食堂是否配备有效洗涤消毒设施，且数量满足实际需要			
	是否有餐饮具专用保洁设施			
	消毒池是否与其他水池混用			
	餐饮具消毒效果是否符合相关要求			
食品加工制作管理	贮存食品原料的场所、设备是否保持清洁			
	是否有禁止存放有毒、有害物品及个人生活物品情况			
	运输食品原料的工具与设备设施是否保持清洁			
	是否使用超期、变质等影响食品安全的可疑食品			
	原料清洗是否彻底，生熟是否分开，是否存在交叉污染			
	存放时间超过2小时的食品食用前是否经充分加热			
专间操作卫生	更衣、洗手消毒设施、空气消毒设施、空调设施、冷藏设施等正常运转，温度控制在25℃以下（备餐间除外）			
	专人加工制作，非备餐间人员不得擅自进入专间			
	备餐间内不得存放非直接入口食品、未经清洗处理的水果、蔬菜、杂物等			
使用食品添加剂情况	食品添加剂使用是否符合相关标准，是否达到专店采购、专柜存放、专人负责、专用工具、专用台账要求			

第六讲　加强教学管理
打造品牌学园

第一节　加强教学监督
完善教学管理制度

　　教学是学校的中心工作，是学校培养人才、实施学生全面发展的基本途径，教学工作的好坏，关系到整个教育质量的高低，关系到所培养人才的素质，是深化教育改革、提高教育质量的根本保证。为了进一步规范学校的教学工作，实施全方位的目标管理，学校应制定教学常规管理制度。

一、教学常规与课程标准

　　1. 学期开始各年级各学科都要制订好学期教学计划，并努力做到教学目的明确，课时划分科学，教学进度清楚，时间分配合理，各教研组制订学期教研计划，并于开学第一周上交教务处。

　　2. 掌握本学科课程标准，做到学科教学目的清楚，教材结构清楚，学科特点清楚，重点难点清楚，学生的能力发展要求清楚。

　　3. 教师根据课程标准、教学总课时数和教材的内容与要求，结合授课班级实际情况，按照学校教务处和教研组工作计划提出的要求，认真制订教学计划。

教学计划主要内容如下：

（1）教材内容分析，包括基础知识、基本技能、能力培养和思想教育；教材的重难点；各部分教材之间的相互关系等。

（2）学生基本情况分析，包括基础知识、能力发展水平、学习态度、学习方法和学生兴趣等。

（3）教学目的、任务和教学要求。

（4）改进教学的具体措施。

（5）教学进度安排，要标明章节、课题、所需课时，以及实验、参观等教学活动的内容、时间、场所等。

二、备课

1. 教师必须在认真学习课程标准，深入钻研教材，摸清学生知识现状基础上，切实搞好备课。

2. 备课以个人钻研为主，集体备课为辅，要做"五备"，即备教材、备课程标准、备学生、备教学方法、备作业；抓好"三点"，即德育渗透结合点、知识点和能力点；落实"三个要求"，即单元（章节）教学要求、教学重难点、课后思考与练习。

3. 复习课、预习课、作文指导课、讲评课、实验课、辅导课等，都必须备有教案。

4. 提倡严谨治学精神，认真设计教案。教案一般包括：教学目的的要求、双基要求、重点难点、教学手段、过程和教法、学法指导，以及板书设计、预习指导和作业布置等几部分。教案要一课时一案，要力求清晰、整洁、书写工整。

5. 教案应妥善保管，以备检查。

6. 教务处每学期要检查教案2—3次，并作出简单记载。

三、上课

1. 教师必须按教学计划完成课堂教学任务，坚持以学生为本，面向全体学生，尊重学生个性发展，努力提高课堂教学质量，重视教学方法的改革与研究。

2. 坚持上课第一次铃前教师到位，上课期间不能离开教室、不能坐着上课，下课不拖堂。

3. 正确贯彻教学原则，做到掌握知识与实践能力相结合，智力因素与非智力因素相结合，知识技能与思想教育相结合，统一要求与因材施教相结合。

4. 注意演示与示范，充分利用板书、挂图、标本、录音、投影、录像、多媒体等教学工具和手段辅助教学。

5. 重视指导学生动手操作、制作。凡是有实验、操作任务的学科要按质量完成实验示范、操作，让学生人人动手做实验。

6. 教学过程要组织严密，安排紧凑，结构合理，重点突出，难点突破，无知识性错误；教师做到精讲精练，采用各种方式和方法，让学生动手、动口、动脑，引导学生主动参与、大胆质疑，调动学生学习的积极性，启发学生独立思考，引导学生自主、合作、探究学习。激发学生的创新精神，培养学生的创新能力。

7. 教师上课必须坚持使用普通话，书写和语言规范，板书设计合理，口头表达自然流畅、亲切生动，教态自然大方，要加强与学生的沟通、交流，营造和谐、欢快、民主的教学气氛。不体罚或变相体罚学生。

四、作业布置与批改

1. 布置作业要明确，内容要精选，分量要适当，难易要适度，时间要控制，杜绝机械重复或惩罚性作业。

2. 课内作业要在任课教师指导下当堂完成，家庭作业要适量，不得超过1小时。课堂作业要全收全改，课后作业原则上坚持全批全改，对完成作业有困难的学生要坚持面批面改。

3. 严禁让学生批改课堂作业。

4. 批改作业要及时认真，错误要记录，原因要分析，讲评要严格，错题要重做，作业要达到规定次数（数学、低年级语文每天1次，作文全学期12次）。

5. 作业写清批改日期，批改简明易懂；少指责，多鼓励。

五、辅导

1. 语文、数学的课外辅导要做到：（1）制订潜能生转化记录；（2）对成绩优秀和智力较好的学生要适当提高学习难度，满足他们的求知欲；（3）解答疑难问题，进行学习方法指导；（4）组织课外阅读提高学生的自学能力和阅读水平，在培养学生合格加特长方面下功夫，五六年级学生建立阅读笔记及图书角。

2. 积极贯彻因材施教的原则。对优秀学生，在全面发展的基础上，鼓励他们发挥特长，不断提高学习兴趣和自学能力；对有困难的学生，要满腔热情，分析原因，从提高学生兴趣入手，培养正确的学习方法与良好的学习习惯。通过个别指导或有计划的补课，帮助他们在学习上取得进步，并对他们的特长予以鼓励和培养。

3. 课外辅导要安排在学生自习或课外活动时间进行，不准侵占和挪用非语数课时间进行辅导。

六、教育科研

1. 每位任课教师必须参加学校和教研组的教研活动，并能围绕活动中心，积极发表自己的见解，虚心听取他人的意见。坚持互相学习、取长补短。

2. 遵守教研纪律，不无故请假或迟到早退，教研工作纳入教师考核考勤奖惩。

3. 每周的教研活动时间，各教研组根据各自情况认真组织积极开展，并作好记录。

4. 各教研组每周按单元重点、难点，由教研组集体研究备课一次。

5. 教研组每月开展一次教研活动，每期上交一份教研工作计划、总结，每位教师每期至少上交一篇教研论文、教案设计、案例分析或经验总结。

第二节　定期开展科研会　提高教学质量

小学教师学习教育理论，进行教育科研活动，是教育理论与教育实践相结合的必然要求，也是教育改革与教育发展的必然趋势。教师要踊跃承担有关的教育科研的实验课题，并积极实践。教务处应制订良好的科研规划。

一、发展思路

依据学校的整体发展目标和当地教育局教科研指导意见，积极地、有创造性地开展学校教科研工作。在最短的时间内构建形成能持续推动学校发展，以主导性课题为龙头的课题群系，逐步打响具有特色的科研品牌，充分发挥学校教科研在提升学校整体水平、促进学校可持续发展中的积极作用。

二、具体目标

（一）建立高效、全民、创新的教科研管理体制

完善学校有关教育科研的条例和规章制度，加大课题研究的过程监控，实施规范化的课题研究管理制度，突出课题研究的真实性。要求教师以科研的眼光看问题，用科研的手段解决问题，积极追求工作课题化，建设具有特色、符合学校发展实际的科研网络体系。

（二）合理选定课题

为了让课题研究更切实、有效、深入，学校在择定课题时要切准教学改革的热点，凸显课题的前瞻性和推广价值，要确立一个对学校工作起导向作用的整体性、探索性课题——主导课题，争取确立一批在省、市、校立项的辅助性课题，对它们着力研究，各个击破，争取形成一个主导课题覆盖下的系统的完善的课题研究网络。同时，在课题研究过程中，构建起学校"教育科研人才运作网"，借助于教师例会、教研组学习、观点报告等活动载体，使教师科研骨干队伍在运作过程中层层推进，全面提高教师的科研发展水平。

（三）实现科研品牌效应，促进学校可持续发展

实现科研品牌效应，对内使之成为全面提高学校教育质量、促进学校可持续发展的助推器；对外使之成为提升学校档次、扩大学校知名度的名片，逐步实现科研品牌效应，促进学校可持续发展。

三、主要措施

（一）完善保证机制

1. 领导保证。学校领导对教科研有正确定位，并能身体力行。

2. 机构保证。教科室负责人要增强工作的责任感和危机感，逐步

完善课题组长负责制，加强对课题组长的培养，积极开展课题研究。逐步形成一支有较高科研水平，并且相对稳定的教科研骨干队伍，在教育、教学改革中起好模范带头作用。

3. 制度保证。进一步完善教科研制度，逐步修订符合学校实际，激发教师对教科研工作的主动性、积极性与创造性的一系列制度。

4. 投入保证。学校平均每学年投入一定的教科研专项经费，以确保教科研工作顺利进行。

（二）创设科研氛围

用正确的、积极的教育思想、观念去引导教师、凝聚教师、激励教师。把教科研工作的着眼点放在教师科研水平的提高上，不为评奖而搞科研，而是把教科研作为提升教师专业发展水平、促进学校的可持续发展的主要手段，使教师们认识到投身教科研、在教科研实践中活动的重要性。开展"科研小组例会""课题实践小组科研小组例会""课题组成员头脑风暴"等活动，通过这些载体，使学校教科研的氛围日趋浓烈。

（三）形成课题组群

学校应开展省级课题的成果反思、总结与推广工作，积极做好后续研究。同时着手思考下一轮能促进学校发展的主导课题。通过主导课题生发，形成能覆盖全校各方面的课题组。

（四）组建科研网络

教务处定期召开课题组组长会议，对组长进行必要的研究培训或共同探讨课题的实施与研究过程中存在的困难等。课题组长也定期召集自己的课题组成员进行有针对性的活动；同时，与各级部门科研专家取得联系，采用各种学习方式，努力提升教师的科研水平。

（五）强化成果推广

思考、研究怎样让课题研究有持久的生命力的问题，加大成果推广力度、宣传力度，以点拓面，努力使研究成果辐射到其他学校，充分展示本校科研成果。

第三节　进行专题研究　打造特色学科

一、教务处采取的措施

1. 打造一流的教师队伍

教师的专业素养直接影响到教学质量。教务处应采取多种形式的专业培训，以提高教师课堂教学水平为核心，组织教师深入学习与研究新课标和新教材，认真抓好教材分析会、教学课例研讨、骨干教师新课程教学展示、优质课比赛、教师基本功竞赛等活动，争取建设成为特色学科学校。

2. 规范课堂教学

规范课堂教学包括规范的教学设计、课堂教学常规等。要抓好教师课标学习、教材解读、备课、上课、相互听课与评课、教案、作业批改、试卷命题、学业监测、考试质量分析等各个环节的规范。通过监督，使教师熟悉新课标、新教材，熟悉教材知识体系，提高教师使用教材、把握教材的能力，提高课堂教学的科学性、规范性和有效性。

3. 抓好相邻学段新课标和教材的学习和考核

教师要了解整个义务教育阶段的新课标要求和教材知识体系及结构；第一学段的教师不但要熟悉本学段的新课标要求和教材知识体系及结构，还要熟悉第二学段课标要求和教材知识体系及结构；第二学段的教师也要熟悉第一学段的课标要求和教材知识体系及结构。毕业班的教师还要熟悉第三学段的课标要求和教材知识体系及结构。

推行等级加评语的评价机制，学生分数一般不向学生公布，只作为教师进行自我评估、查找教学中存在问题的依据；还应坚持和完善调研评价机制，加强调研后的试卷分析及改进措施。

二、教研组采取的措施

1. 健全各项制度，落实到位；常规教研活动每学期有计划总结，措施得力，按计划开展好校本教研活动；结合自身实际开展理论学习（校外与校内结合）、教学论坛、专题研讨、集体备课等活动；公开课、研究课、示范课等研究活动每周定时开展。

2. 重视同伴互助，对青年教师的培养教研组要有专门的工作部署，落实骨干教师指导青年教师工作。

3. 教研组要积极开展教改试验和教学研究，开展教育行动研究，大胆探索课堂教学模式与方法，改变学生的学习方式，提高教学质量。

【案例】

健美理念，从小伴随——形体特色学科建设方案

一、指导思想

积极响应新时代、新要求的"素质教育"教学理念，落实学校建设"一主两翼"的教学模式，打造培养、发展学生全面和个性素质的特色品牌教育方针策略，以娱乐学生身心、从小培养增强形体审美意识为落实点，创设快乐活泼的形体特色课堂。

二、特色项目

健美操（本学期重点教学内容）；少儿模特秀。

三、训练时间

每周形体课 2/3 课时间。

四、实施措施

1. 形体课堂中，彰显、强调肢体语言表达运用的审美意识，在"开课—课中—结束"中，都贯穿肢体语言的表达运用。

2. 利用好每周一节的形体课堂，按照"分解动作和节奏—合乐练习"的教学步骤，进行集体、分组和个别辅导等形式的教学和训习。

3. 把健美操及形体课堂训练的音乐拷贝到各班教室的电脑桌面，让学生们在课余时间参与复习和活动，在实际的娱乐放松中，又增强了形体训练素质。

五、预期目标

1. 本学期目标：各年级学生掌握 2 套健美操和 2 个形体训练组合。

2. 争取在以后的课间操中能普及健美操活动形式，打造特色大课间，增添学生的课间活动趣味。

第四节　开展第二课堂　丰富教学内容

一、第二课堂建设的系统

1. 第二课堂的定位

第二课堂和第一课堂是人才培养大系统中的两种重要路径。第二课堂作为第一课堂的延续和补充，对它的定位不能仅仅停留在丰富学生的课余生活，抑或是简单的形式丰富性上，而要根据学校的人才培养目标，创造各种机会让学生实践第一课堂学到的知识。现在的小学生，理论知识、学科学习优秀而实践动手能力、创造创新能力甚至与人沟通合作能力欠缺的学生比例相当之高，这从一个侧面反映出学校人才培养是存在偏差的，第二课堂活动在很大程度上都游离于第一课堂教育教学范畴之外，没有做到延续和补充，而是简单的教育加法，实际上，这样凌乱而缺乏统一、整体观的培养模式制度充其量只能在教育低级水平徘徊，甚至都达不到人才培养的基本目标。当然，在思想上高度重视第二课堂建设，准确定位并落实在决策执行和管理中，是加强这项建设的根本和基础。

2. 第二课堂的使命

在开放的教育理念和教育氛围中普及、提高。所谓开放，是兼容并蓄、百花齐放。第二课堂应借助于各种学生所喜闻乐见的活动形式，既充分照顾到学生个性发展又能惠及所有学生所需。

3. 第二课堂的核心导向

创新能力、实践能力是任何学校人才培养最终要实现的目标，更是多元化社会、现代化社会急需的人才类型。学生在课堂学习的知识技能是无数实践中抽象出来的理论，这种灌输式教育产生的能量只是社会知识的简单重复，离开实践终不能被深入理解和创新，学生的创新创造能力和实践动手能力的培养和锻炼都无从谈起。由此，在上好第一课堂之外，如何在第二课堂开展中搭建好塑造平台，让知识通过实践活动转化为深入的理解能力、动手能力和创新创造能力就成为第二课堂建设的关键所在。没有这种核心导向的支撑和考量，第二课堂就会失去原本意义上的延续和补充的作用，完全游离在教育教学环节之外，久而久之，功能的弱化必然引起自身的边缘化。学校畅想的第二课堂建设也只会是理论上或政策中的美好景象。

4. 第二课堂的范畴

在学校第二课堂建设体系中，通常从思想道德修养、文艺体育、学科竞赛、心理健康、社会实践、志愿服务等方面划分。对第二课堂的平面式划分是为了完成普及和提高的建设使命。这种几乎囊括所有的内涵在丰富性上有着无可比拟的优势，学生的参与度、热情度极高甚至超过对第一课堂的投入。然而平面扩展越大，提升的幅度就会减慢，在疲于扩大覆盖面的众多活动安排中，极其容易让管理者模糊教育的焦点，使得第二课堂开展失去鲜明的目标和培养导向。这要求学校充分掌握适度开展和重点引导的关系。

二、开展第二课堂应注意的问题

1. 从制度安排上杜绝各自为政的理念，避免分体效率过高而整体效率低下的现象出现。建设第二课堂不能仅仅局限在第二课堂建设中，更不能孤立地、独立地追求部门效率。统筹安排的过程也是完善人才培养模式的重要体现。

2. 避免超负荷追求第二课堂的全面性而在全面培养的光环下丧失重点、丧失动力。既要考虑学生个性又要竭力使所有学生都能融入第二课堂是第二课堂优质建设的客观结果，而不应成为建设好第二课堂所应追求的目标。建设好第二课堂的目标是：在统一的人才培养模式的要求下，把第二课堂与第一课堂真正结合起来，利用各种形式激发学生学以致用，这样才能达到人才培养的目标，而不是简单停留在丰富学生课余生活的层面。

3. 第二课堂开展的活动和活动的参与方如果只是靠学生的热情和积极性来维持显然是没有根基的，一定要从制度上予以保证，包括师资支撑、活动评价制度等。

4. 第二课堂建设考评体系避免形式化和简单的量化。考评体系是否科学、是否能真正注入积极工作的动力不是能简单模拟出来的，一定要根据各个学校的实际情况，淡化低水平的单一量化考核，增强实际效能的指标。如此，第二课堂开展建设的质量才能得到提升，才会更有效率地延伸第一课堂的意义和作用。

【案例】

某实验小学第二课堂活动计划

一、指导思想

以《国家教育中长期发展纲要》为指南，围绕"和谐教育"办学模式的构建这一核心目标，进一步丰富和加强第二课堂课程设置和组织工作，确保第二课堂活动收到预期的效果。

二、活动内容与形式

1. 第二课堂活动面向全体学生，根据小学生特点和实际情况选取合适的内容组织开展。

2. 学校第二课堂活动小组主要包括：舞蹈、合唱、书画、电脑、经典诵读、趣味数学、趣味英语、篮球、田径、棋类、鼓号等。

3. 本学期起，我校把学生的经典诵读放在突出位置，并把此项工作延伸到课外。要求语文组利用全校的第二课堂活动时间，组织学生诵经典、唱经典、演经典。

三、活动时间

从学生在校活动时间中安排一节课（每周四第七节）作为全校第二课堂活动。

四、活动目的与要求

1. 加强管理。学校值日行政必须加强巡视检查，发现问题及时记录、及时处理、及时反馈。各辅导教师要落实点名制度，每次活动要清点人数，组织学生开展活动，不让一位学生流失课堂，确保活动质量。班主任老师要协助管理，让学生在规定时间内到各兴趣班进行活动，各兴趣班老师将缺席学生名单及时上报给巡视行政，巡视行政将记录缺席名单汇总给各班班主任。

2. 丰富内涵。班级第二课堂活动要在已有的基础上在丰富内涵上下功夫，让学生做到爱参与、乐参与、主动参与，力争每个学生在兴趣爱好方面学有所得，学有所长。

3. 坚持"四性""五定""五有"。第二课堂活动的开展，必须做到活动内容科学性、知识性、趣味性和实效性，定时间、地点、学生、辅导教师、活动内容，有计划、有措施、有总结、有反思、有成果。

4. 成果展示。元旦前后，开展文艺、经典诵读、英语、书画、科技等各种展演活动，评出最优秀活动组或个人进行表彰。

5. 全员参与。各班根据学生兴趣，按各活动组招收人数，尽量将全班学生均衡分配。让每一个学生都参与第二课堂活动。

6. 制定方案。第二周各活动小组（含校、班队）拟好本学期第二课堂活动计划，并将参加各活动小组的名单用电子文档报体育组备案。

第七讲　加强校园文化建设树立和谐文明校风

第一节　加强师生关系　构建和谐校园

一、构建和谐校园必须优化教师与学生之间的关系

教师与学生的关系在学校关系中具有特殊的地位，它是教师对学生施加影响的重要手段，是"传道、授业、解惑"的重要渠道。形成良好和谐的师生关系，是实施和谐教育的前提。教师应懂得要形成良好的师生关系更多的是取决于教师，爱生是尊师的前提。同时，要求教师发扬奉献精神、敬业精神，以高尚的情操、渊博的知识、庄重的仪表态度，对学生尊重来赢得学生的尊重和爱戴。

师生之间应该相互交流、相互启发、相互补充，教师和学生要分享彼此的思考、经验和知识，交流彼此的情感、体验与观念，实现教学相长和共同发展。这就意味着师生关系向着师生平等、彼此尊重、民主教学方面发展。相对学生而言，多开展尊师活动，要求学生理解、尊重教师的辛勤劳动，使学生懂得刻苦学习、认真钻研，积极配合教师完成好教育教学工作。

二、引导学生自主管理，培养学生的积极人格

坚持以政治思想工作为先导，以素质教育为基础，以学风建设为核心，加强日常行为管理和社团活动的管理，积极开展社会主义道德教育和文化、体育等素质教育，注重学生心理健康，培养学生高尚的

思想情操和良好的道德品质，引导和帮助学生树立正确的世界观、人生观和价值观，提高学生的文化修养。

在道德教育中应使学生认识自我、在管理中调节自我、在学习生活中完善自我，养成宽容、谦和地对待他人，培养和谐地对待自然和社会的人格素养，形成团结友爱、和谐奋进的班集体。通过学校积极有效的培育，使学生懂得人与社会的和谐，遵从社会整体价值构成的和谐；懂得自律与管理的和谐，个人与社会、个体与集体是统一的，个性的全面发展只有在集体中才能获得真正的实现，理解接受管理的过程，不仅是接受来源于学校的管理和规范，也是发展自己、完善自己的过程，而且通过参与学校的管理，也使学生自己具备自主、自决、自择、自律的能力。

积极引导学生正确对待同学之间的人际关系。几乎所有教育活动都是以人际交往的形式进行的，学校是向下一代传授知识与文明、传播科学与真理、传承道德与精神的场所，教育的对象是涉世不深的青少年，这种情况必然体现在学生的群体人际关系中。学校越是追求教育效果，学校的人际关系也就越加丰富多彩。因此，改变控制方式，积极创造教育情境，营造良好教学气氛，丰富集体活动内容，更新活动方法和组织形式等，都有利于培养和谐的学生人际关系。

三、注重校园文化的建设

校园文化归根结底是一种代表了被学校大多数人所认同的核心价值观体系。它是一个极其复杂的复合体，在校园中，它无所不包，甚至可以影射到校园之外，它具有潜移默化的天然功能。

学校校训是一所学校的办学理念、目标、特色，是一所学校校园文化的核心内容，一则好的校训，是形成良好校风的催化剂。校训一旦被全体师生所认同，就会成为这个群体的规范，这个群体中的每一个成员，就会自觉地把它作为自己的奋斗目标和行为准则而身体力行，并逐渐养成习惯，形成风气。校园文化越强的学校，师生员工对这种核心价值观的信仰就越坚定，虽然学校中的每一个人的思想、性格、情趣千差万别，然而，一旦形成了强势校园文化，这些千差万别就会受到强烈感染，对学校的认同感和凝聚力就会增强，由此而产生的行为方式也会趋于一致和自觉。

以人为本、创建和谐校园是时代发展的必然，也是构建和谐社会的重要组成部分。构建和谐校园，是教育规律的体现，是物质文明、精神文明、政治文明的需要，是衡量教学工作水平的一个重要的方面。构建和谐校园是一项艰巨复杂的系统性工程，要牢固树立和落实科学发展观，按照构建社会主义和谐社会的要求，深化教育改革，促进学校的和谐发展。

第二节　开展校园活动
加强校园文化建设

一、加强校园文化建设的内涵

校园文化是以学生为主体，以校园为主要空间，以育人为主要导向，以精神文化、环境文化、行为文化和制度文化建设等为主要内容，以校园精神、文明为主要特征的一种群体文化。它主要包括：以学生为代表的文化观念以及有所规范的学生特有的思维特征、行为特征和方式；学生课余生活中一切以群体形式出现的文化活动，其中最能体现校园文化本质内容的是校园风气或校园精神。

校园文化是学校所具有的特定的精神环境和文化气氛，它包括校园建筑设计、校园景观、绿化美化这种物化形态的内容，也包括学校的传统、校风、学风、人际关系、集体舆论、心理氛围以及学校的各种规章制度和学校成员在共同活动交往中形成的非明文规范的行为准则。健康的校园文化，可以陶冶学生的情操，启迪学生心智，促进学生的全面发展。

（一）指导思想

以提高校园文化品味、建设精品校园、全面提高教育质量为宗旨，构建和谐育人氛围和鲜明办学特色的校园文化体系，创造优良的人文环境，使学校成为师生身心愉悦的成长乐园，从而提高学校综合办学水平，全面推动学生、教师和学校三位一体的和谐发展，形成能够充分展示学校个性魅力和办学特色的校园文化，推动学校教育教学质量不断提高。

（二）建设目标

校园文化体系建设要以培养优良校风、学风为目标，努力将"尊师、爱生、文明、守纪"的校风和"勤奋、踏实、认真"的学风铸就成校园精神，加强学校精神文化、形象文化、制度文化的建设工作，通过多彩的校园文化阵地和丰富的校园文化活动，营造有利于学生思想道德和文化素质提高的文明育人的环境。

1. 校园文化建设的意义

通过校园文化建设，改变师生把学校简单地看成是一个传授知识的地方，改变大家一谈校园文化就是唱歌、跳舞、参加体育活动等片面认识，而是要通过提升校园文化品位、构建新的校园文化体系，通过深入挖掘校园文化精神，提高师生对校园文化的认识和看法，使师生通过对校园文化的重新认识来进一步认识学校的价值观念、办学理念、精神风貌、办学特色以及学校与社会发展的关系，并通过校园文化建设来实现学校硬件设施为载体的物质文化和以师生精神为核心的精神文化的统一。

2. 以校园文化建设来促进学生的全面发展

以幽雅的校园环境、多彩的文化生活、高雅的艺术情趣、浓厚的学习氛围、科学的人文精神、优良的学风校风，带动和促进催人奋进的学校精神、科学进步的价值观和导向正确的舆论氛围，引导广大师生树立正确的世界观、人生观和价值观。

3. 落实科学发展观，以校园文化建设来促进学校的可持续健康发展

通过校园文化建设形成强大的文化场，在紧抓教学主渠道的同时，丰富学生的校园文化生活，经过潜移默化的方式对学生进行思想政治教育及道德规范教育，培养学生的个性特长和能力，提高学生的综合素质，使校园文化真正发挥育人功能，从而造就有利于社会发展的有理想、有抱负、有特色的人才，使学校发展进入良性循环的高层境界，也通过校园文化建设从本质上实现学校发展的核心竞争力。

二、遵循原则

1. 以人为本的原则：高度重视人在校园文化建设中的作用，重视人的积极性的充分发挥，构建和谐校园文化阵地。

2. 实践性原则：校园文化重在建设，重在实践，要开展符合学生特点、引导学生全面成才、形式喜闻乐见、同学参与性强、身受广大同学喜爱和支持的校园文化活动。

3. 整体性原则：校园文化建设是一个系统工程，具有层次性、具体性、全面性等特点，所以要统筹兼顾，全员参与，持之以恒。

4. 发展性原则：校园文化具有发展性、动态性等特点，所以要与时俱进，坚持弘扬时代主旋律，体现发展主题，培育时代精神。

5. 参与性原则：校园文化建设的过程就是教育的过程，注意发挥学校、班级、学生、家长各方面的积极性，通过活动，逐步形成规范

和谐的校风，科学务实的教风，兴趣浓厚的学风，进取向上的班风。

三、具体内容

校园文化是学校物质财富和精神财富的总称，它包括精神文化、物质文化和制度文化。结合学校实际，建设校园文化从以下几方面着手：

1. 加强物质文化建设，营造健康优美的校园文化环境

苏霍姆林斯基说过："我们的教育应当使每一堵墙都说话。"物质文化建设是校园文化建设的重要组成部分，健康优美的校园环境就像是一部立体的、多彩的、富有吸引力的教科书，它有利于陶冶学生的情操，美化学生的心灵，激发学生的灵感，启迪学生的智慧，也有利于学生素质的提高。所以在建设校园环境上，要打破常规的、一成不变的、静止的模式，赋予它丰富的生命力，在我们熟知的领域内挖掘出新的教育资源，为学生的发展提供更为宽阔的空间，使每一个角落都成为学生进行学习、探究、实践的园地。让墙壁、板报、橱窗、报栏说话，让花园、道路、教室育人，用文化优化环境。

（1）设计和规划校园硬件环境建设，整体规划好学校的文化环境，让校园充满教育性，体现文化特质。

（2）从净化、绿化、美化入手整治校容校貌，按学校规划分批完成学校的净化、绿化、美化，使校园环境达到花园式学校的要求。

（3）创设各种文化设施，建立班级图书角、阅报栏、宣传栏、黑板报、图书室、阅览室等教育阵地；办好每月一期的黑板报，组织板报评比。

（4）及时展出学生书画作品。开辟作品栏、精品屋、特长展示等，张贴学生的美术作品、书法作品，展示学生的小制作、小发明，让学生在特长展示中充分表现自己的思维和想象，为他们提供展现才华、张扬个性、实践创新的平台。

（5）组建学校广播站，利用学校完善的校园广播系统及时播放校园新闻和优秀学生事迹。并与时俱进地播放一些优秀歌曲、英语节目，促进学生的发展。

（6）在学校主要部位悬挂名人字画，展示学校的校训和教书育人理念，把教师格言、学生格言放大张贴，提升校园文化层次。

（7）修建从学校大门到操场的文化长廊，张贴当天报纸的重要新闻，展示国家和地区重大成就、成果，宣传科学文化知识，进行安全教育，为师生的文学、书法、绘画、摄影作品等提供更大的展示平台。

（8）筹建小学网站，加强学校网站、专题网站、教师个人网站和班级网站建设，通过网络加强师生文化教育，提高文化修养，沟通与外界联系。

（9）做好文明办公室、文明班级的评比。

2. 加强制度文化建设，强化学校管理机制

制度是校园文化建设初级阶段的产物，是为了达到无意境界而采取的一种有意识手段，是为了保障学校教育的有章、有序和有效。目的是先用制度来强化，而后用情境来内化。俗话说："不依规矩，无以成方圆。"建立规范有序的管理机制，是维系学校正常秩序必不可少的保障机制，是搞好校园文化建设实现其最终目标的必要保障。在健全校园文化建设上，成立由各部门负责人组成的领导小组，专门研究制订校园文化建设规划，并就校园文化阵地、环境卫生、绿化美化、校园保卫等进行明确分工，责任到人。

3. 加强课余文化建设，组织丰富多彩的校园文化生活

（1）办好校园文化艺术节，倡导学生参加，使广大学生的艺术素质得到普遍提高，引导校园文化向健康高雅的方向发展。

（2）建设良好的校风。要结合学校实际，通过各种形式，弘扬校

风，形成自己的特色，引导学生养成文明、守纪、勤学、上进的良好思想品德和行为习惯。

（3）积极开展主题化传统性教育活动，如以"感恩"和"节日庆典"为主题的系列活动，促进学生身心发展。

（4）经常性开展学校传统活动。开展好体育运动会、学习《弟子规》等活动以及作文、歌咏、写字、演讲、手抄报等比赛。

（5）开展好兴趣小组活动，如英语兴趣小组、数学兴趣小组和乒乓球、棋社、球类、体操队等体育兴趣小组以及小提琴、钢琴、舞蹈等艺术兴趣小组。

（6）开展主题化的教育促进德育建设，包括关于世界观、人生观、价值观的教育及爱国主义、社会主义、集体主义的教育。运用学生喜闻乐见的形式进行教育。组织学生观看爱国主义教育影片或优秀影视片；利用各种纪念日，组织开展读书宣传活动；举办各种知识竞赛或演讲等活动，使学生从中受到直接熏陶和潜移默化的教育。

（7）抓好学生日常行为规范教育和法制教育。制定规章制度，建立健全学生行为评价和反馈体系，不断促进学生行为的养成；开展评选先进班集体等争先创优活动，用先进激励学生健康发展；注重法制教育，开设法律教育课，增强学生法律意识、法制观念；开展学生值周活动，建立学生行为监督小组，增强学生自我教育、自我管理、自我服务、自我约束能力，从而养成自觉遵纪守法的良好行为。

（8）开展班级形象设计、宿舍美化等活动。充分发挥学生的聪明智慧，调动学生的自主性和积极性，让学生参与到班级文化建设中来，放手让学生去做，教师只作点拨与指导。

4. 优化校园人际环境，创造和谐关系

从某种意义上讲，人际关系是一种高级形式的校园文化，直接影响校园文化建设，影响教育效果和教学质量。良好的人际关系不仅可以使学生全身心地投入学习，促进学生奋发向上，健康成长，还可以形成良好的集体意识。因此，应该要求教师做到有目的地引导学生克服嫉妒、自卑、自傲、自私的不良心理，提倡同学间团结友爱，互相尊重，互相帮助，互相督促，共同提高，同时筹建心理咨询室，重视学生的心理疏导，引导学生建立宽松健康的人际关系。

四、加强管理

（一）学校校园文化建设小组具体负责组织开展全校性校园文化建设活动。

（二）坚持"四全"，即全面部署、全员参与、全程运行、全面落实。校园文化建设小组定期进行计划、部署、评估和总结，保证工作的落实。

（三）学校加大经费的投入力度，保证建设的正常进行。

（四）学校制订教学目标责任书时，应将校园文化建设的成绩列入各办公室、各教研组、各教师工作业绩考核的范围，促进教师的主体参与。

第三节　做好德育工作
树立优良的学风、校风

一、学风建设

学风是一所小学的灵魂，是学校生存与发展的根本支柱。良好的学风是学校的宝贵财富。学校的根本任务是培养德、智、体等各方面全面发展的社会主义事业的建设者和接班人。因此，学风建设的一项重要内容是引导学生树立正确的学习目的，养成科学严谨的治学态度，同时使学生完成自我人格的塑造。

（一）加强学风建设的意义

学风是体现学校办学思想、教育质量和管理水平的重要标志，是学校校风建设的重要内容，是校园精神文明建设的一个重要组成部分，是建设良好校风、全面推进素质教育、培养高素质人才的关键环节，是一个学校办学思想、培养目标、工作作风和学习精神的综合反映，是适应社会发展的需要、贯彻党的教育方针的根本保证，是学生思想品质、学习精神和综合素质的重要体现，是学生自身成才的需要。学风的好坏直接影响到学校教学改革的深化和教学质量的提高，直接影响人才培养目标的实现。新时期加强学风建设是一项具有战略意义的工程，学校应该加强对学风建设重要性的认识，采取有效措施，充分调动学生的学习积极性，并通过加快教育教学改革，通过加强管理，通过开展丰富多彩的课外活动来推动学风建设。

学校学风建设的工作目标是建立优良的校园学习氛围，帮助广大学生树立热爱学习、善于学习、坚持学习、全面学习、终身学习的观念，形成坚持真理、大胆创新的治学精神和严谨求实、刻苦钻研的治学态度，理论联系实际、用科学理论指导实践的治学方法，促进学生德、智、体、美、劳全面发展，增强学生的创新精神和实践能力，提高学生的综合素质。

（二）优良学风及其基本要求

学风一般是指学习风气，它是学习主体崇尚的一种较稳定的学习意识、学习态度、学习行为习惯、学习氛围境界的综合。学校学风状况直接反映学校的精神风貌和管理水平及师生的素质状况。

学风问题，无论对集体或个人都是非常重要的问题。各级各类学校是培养各种人才的场所，要多出人才，出好人才，提高整个中华民族的思想道德素质和科学文化素质。对个人来讲，要实现全面发展，早日成才，优良学风的培养是其重要保证。优良学风包括以下基本要求：

第一，为振兴中华而学习的治学目的。树立正确的治学目的是治学的首要问题，它确定学习的方向，决定学习的动力，给治学精神和治学态度以强烈的影响。

第二，勤奋、谦虚的治学精神。勤奋是一切事业成功的前提，古今中外大学问家、自学成才者，无一例外的都是勤奋好学、刻苦钻研、持之以恒的榜样。古语说："书山有路勤为径，学海无涯苦作舟。"勤奋、谦虚的治学精神体现学风的灵魂，是学风的核心。勤奋是指振作精神，孜孜以求，锲而不舍，努力获取知识；谦虚是指虚心学习，永不满足，自觉调整治学方法和态度。知识和能力的获得，都是日积月累起来的，绳锯木断，水滴石穿，科学上的伟大发现，文学上的鸿篇巨著，无不是血汗和毅力的结晶，是勤奋的结果。

第三，严谨、求实的治学态度。严谨就是严肃谨慎；求实即实事求是。严谨求实进行治学是学风直接而具体的体现，是学习目的、治学精神的着落点。严肃认真，一丝不苟，是治学应有的态度。好高骛远、浅尝辄止，是很难发现真理的。治学要敢于质疑，遇到事情要多问为什么和怎么办。严谨治学还要勇于修正错误。

第四，开拓创新的作风。就是从实际出发，敢于提出新问题，善于解决新问题，敢于开拓新局面，做到"四有"——有所发现，有所发展，有所创造，有所前进。

（三）加强学风建设的具体措施

1. 树立远大理想，增强学习动机。帮助学生树立正确的学习目标，端正学习态度，转变学习观念；开展以班级为单位的学风创建活动，以提高学生学习的积极性和主动性，努力形成"比学赶帮"的氛围；要利用班会、刊物、橱窗等宣传阵地，引导学生进行正确的道德评价，充分发挥舆论氛围的作用，以增强学生的学习动机。

2. 加强制度建设，严格学生管理。制定一套规范而严格的规章制度，并狠抓制度落实。严格执行学生日常行为规范的管理，让制度发挥良好的效果；加强学生的"诚信"教育，通过开展考风考纪教育，强化学生的"诚信"意识，端正考风考纪；在学生中大力开展"奖评结合、以评促建"工作，带动学风建设发展。

3. 开展系列活动，提高学习实效。结合教学内容和特点，向学生介绍课程学习方法，培养学生良好的学习习惯和方法，同时积极开展学科竞赛活动、学生优秀作品展活动、综合实践活动，营造积极向上、崇尚科学、追求真理的良好氛围，提高学生的动手能力和实践技能，促进学生健康成长。

4. 以特色塑造品牌，打造书香校园。要积极建设读书的环境氛围，开展文学社、读书会、演讲会、作文比赛等，引导广大师生主动阅读、广泛阅读、高品位阅读，培养师生读书的意识，让学校成为书卷气和书香味十足的书香校园，以书香校园为特色塑造品牌学校，促进学风不断优化。

（四）德育工作与学风建设

1. 完善德育工作机制

（1）建立和完善德育评价方式。建立科学的德育评价标准和具有可操作性的评估办法。改革和完善考核制度，发挥德育评价对学生成长方向的引导作用，促进学生全面发展与个性的自由发展。教务处制订对学校德育、校风和学风的评估办法和班主任、任课教师的德育工作评价体系。完善学生的成长记录，做好品德素质评价。探索促进学生发展的多种评价方式，激励学生乐观向上、自主自立、努力成才。探索制定客观的德育量化标准，建立学生奖惩情况、思想道德表现等方面的档案。通过把学生自评、同学互评以及教师、家长、社会评议结合的办法，增强德育评估的透明度，防止片面性和伤害学生的自尊心，努力做到客观公正。

（2）加强载体和平台建设，建立健全学生指导中心。学校要依托教务处等有关中层机构成立学生指导中心，对学生的学习、生活、交友、心理、活动、实践、发展等各个方面予以指导。积极发展社团组织。组织各种学习小组、创新团队，为学生展示个性、发挥潜能创造平台。支持学生自主管理，提高主体意识和组织协调能力。鼓励学生积极参与志愿服务和公益事业，培养爱心和互助精神。改进和创新少先队、团组织工作，推行学生干部民主选举，定期轮流任职。建立和完善校外辅导员制度，选聘有责任心、有能力、有经验的业界人士担任校外志愿辅导员。

2. 组织开展形式多样的德育实践活动

（1）精心设计和组织开展内容鲜活、形式新颖、吸引力强的体验教育活动。在各种法定节日、传统节日、重大历史纪念日和杰出、英模人物诞辰和逝世纪念日，以及开学、毕业典礼等有特殊意义的重要日子，举行庆祝、纪念活动和仪式，利用蕴涵的思想道德教育资源，增进爱国情感，提高道德素养。组织开展各种形式的工学结合、勤工俭学活动，培养学生的劳动品质。充分发挥爱国主义教育基地的作用，适时组织学生参观博物馆、纪念馆、烈士陵园等，进行现场德育教学。适时组织竞争性活动，培养学生的意志品格和拼搏精神。通过开展科技创新竞赛和科技体验活动，为学生搭建发明创造的舞台，体验发明创造的乐趣，培养学生的科学精神和创新意识。

（2）努力建设富有特色的校园文化。在规范办学、全面发展的基础上，通过开发特色课程，创建特色学校，营造文化氛围，形成独特、稳定、鲜明的办学风格。精心研究制订校风建设规划，明确主题，突出特色，落实责任，强化措施，重视以校歌、校训、校旗、校徽等形式表述校风的基本特征、办学方向，培育优良校风。坚持办好学生素质教育系列讲座和相关文化、艺术及专业教育活动，适时邀请社会名人、专家学者、企业人士到学校作专题报告，拓宽学生的知识领域，激发学生的学习兴趣。组织开展丰富多彩的体育比赛和文艺表演，丰富学生的精神生活。积极开展创建"绿色学校"活动，逐步提高校园绿化美化的档次和水平。积极开展"文明班级""文明宿舍"和"文明学校"创建活动，使学校成为当地精神文明建设的窗口。

（3）构建学校、家庭、社会紧密配合的德育网络。密切配合社区文明建设，创建由学校主导，家长、社区主动参与的新型德育协作机制。通过家长学校、家庭教育指导中心以及学校开放日、校长信箱、家访、书信、网络等多种方式，宣传家庭教育的重要意义，引导家长树立正确的人才观、质量观和择业观，掌握科学教育子女的方法，充分利用家庭道德教育的资源，指导家长做好未成年人的教育工作。有针对性地开展单亲家庭、离异家庭、贫困家庭、残障家庭、外来务工家庭等特殊家庭子女教育，保障他们接受教育和健康成长的权利，促进形成良好的思想道德品行。

3. 切实加强师德教风建设

（1）完善教师资格认定和新教师聘任制度，把师德素质作为先决条件。建立师德考评问题报告和责任追究制度，将师德表现作为教师年度考核、职务聘任、派出进修和评优奖励的重要依据。对师德表现不佳的教师及时劝诫，对劝诫不改的进行严肃处理；对品行不良、侮辱学生、影响恶劣者撤销教师资格并予以解聘，对触犯法律者依法处理。研究制订科学合理的师德评价方法。通过组织听课、教师互评、学生评议、家长反映等途径，掌握教师遵守师德规范和教书育人工作的情况。

（2）加强师德教育和培训。完善新教师岗前培训制度，每年对新聘教师、少先队辅导员进行岗前培训教育；实行以老带新，选择德高望重、业务精湛的中老年教师担任青年教师的导师，从思想、品德、工作等方面帮助青年教师提高素质，引导青年教师健康成长。开展教学基本功比赛、教学科研成果展览、青年教师学术交流等活动，调动青年教师教学、科研工作的积极性，促进教学、科研水平的提高。把教师职业理想和职业道德教育作为教师培训的重要内容。通过师德论坛、报告会、演讲比赛等多种形式开展师德教育活动。

二、校风建设

校风是学校风气的简称。它是学校大多数人共同具有的富有特色的稳定的行为倾向。校风是学校成员所处的精神环境，它通过校容、校貌等物质环境有所展现，但主要体现在学校成员的精神面貌上，又集中表现为学生的学风、教师的教风和领导的作风。

（一）加强校风建设

1. 加强人文知识的导向性。开设各种人文讲座，丰富学生的人文知识，开阔学生的视野和胸襟，让他们在人文知识的熏陶中懂得做人和做事的道理。另外，还可以开设网络课程，通过学生的自学活动，自动自觉地吸收祖国丰富的人文知识，使学生在不自觉中欣赏祖国文化的瑰宝。

2. 培育良好的学风、班风，以改善学生的学习环境。良好的学风就是学生集体或个人在学习过程中，表现出来的带有倾向性的、稳定性的态度和行为，就是要在学生之中形成修身厚德、好学向上、立志成才的良好风气。良好的班风就是在学生群体中形成一种良好的氛围，使得学生置身于这样一种环境中能够被这种良好的风气所同化，最终形成一种稳定的态度和行为。

3. 加强理论学习，促进教风建设。加强教风建设，必须上下统一认识，端正办学方向，从教职员工入手，开展师德教育活动。加强素质教育理论的学习，确立正确的质量观和人才观，明确现代人才的衡量标准，树立"教书育人、管理育人、服务育人"的观念，倡导"一切为了学生，为了一切学生，为了学生的一切"的教育理念，践行"为学生的未来负责，为学生的家长负责，为学生的前途负责"的责任理念。推行"爱岗敬业、实践创新、严谨治学、严格爱生"的教育教学作风。同时，学校就提高教师教学水平上要多提供一些培训与进修的机会。让教师有更多的机会提高自身的理论修养和教学水平素养，营造一种积极进取、勇于创新的学习氛围，并创建激励机制，真正使先进教师成为"爱岗敬业、严谨治学、严格爱生"的一面旗帜，给予所有的教师一种榜样的力量。

4. 营造整洁、优美、和谐的校园，从小处着手。整洁、优美、和谐的校园不单单是一个校园文明的体现，也是校园文化和校风建设的一个风向标。和谐的校园，可以从一块绿地，一面小宣传窗，一个干净锃亮的垃圾桶，甚至是一则招领启事体现出来。校园内这种文明、整洁、优美、和谐的环境在给人带来美的享受的同时，也会引发人的思考，激发人的斗志。

（二）学校的校风对学生学习成绩的影响

1. 校风具有强烈的外在感染力。校风是一种看不见的力量。比起道德和纪律有着更加鲜明的约束力，它是以外在的感染影响表现出来的。如常见的转学现象，一个各方面表现都很好、成绩优秀的学生，从一个具有良好校风的学校转到另一个校风校纪较差的学校，他很有可能马上就会产生一种放松感，由此成绩下降也是必然的。相反，一个学生从一个校风较差的学校转到一个具有良好校风的学校，他也会随之产生一种紧迫感，即使他原来各方面都不突出，也要严格要求自己，审慎地言行，努力地学习，久而久之就会成为一个各方面都有进步的好学生。

2. 校风具有深刻的内在凝聚力。良好的校风是学校领导与师生员工长期艰苦努力培养的结果。表现在学生身上，就是勤奋好学，遵守纪律，尊敬教师，助人为乐，热爱劳动，关心集体等。表现在领导和教职员工身上，就是忠于职守，事业心强，团结合作，为人师表，对工作兢兢业业，一丝不苟，以培养德、智、体、美、劳全面发展的人为己任。良好的学风，对学生应该会产生潜移默化、自然陶冶的积极作用。如果一所学校形成了好的校风，那么，新生进校就会很快地受到同化。这种同化作用，如能因势利导，加以发现，还可以促进原有的校风不断巩固、充实和提高。

3. 校容、校貌直接影响着青少年一代的心理活动状态。整洁优美的环境使人感到心情舒畅，能提高学习和工作效率。同时，优美舒适的环境有助于陶冶人的情操，激发学习和工作的热情。

第八讲 寓教于乐
开展丰富的课外活动

第一节 开展爱国主义教育活动
增强学生爱国主义精神

对小学生进行广泛深入的爱国主义教育，是学校德育的重要课题。小学阶段是爱国主义教育的重要阶段，让爱国主义思想在幼小心灵扎根，坚持以爱国主义教育激发学生奋发上进，立志成才。

江泽民同志曾经说过："要继承和发扬爱国主义精神，更要加强学校对学生的爱国主义教育，体现中华民族传统精神。"在新形势下，爱国主义教育的内容十分广泛，应当坚持以"两史一情"教育为重点，以社会主义教育、理想教育为核心，多渠道、全方位地开展多种形式的教育活动，以活动促教育，以活动促发展，让学生在教育、活动中培养爱国主义情感。

一、开展爱国主义教育活动

1. 定期组织学生观看优秀爱国主义电影。优秀的爱国主义电影蕴藏着丰富的思想、艺术内涵，具有形象、生动、直观、感染力强的特点，是进行爱国主义教育的好形式。学校应该从学生实际出发，有计划、有选择地组织、指导学生观看。观看前对所要看的每一部电影的历史背景、故事梗概和教育意义进行简要介绍，看后及时组织开展影评、征文、主题班会等活动，不仅有助于学生了解历史、国情，而且使学生开阔了视野，接受美育熏陶，增强了审美意识，提高审美能力，达到寓教于乐的目的。

2. 积极组织开展爱国主义教育读书活动。学校可以专门制订爱国主义教育读书活动计划，积极向同学们介绍和推荐有爱国主义教育内容的书籍，指导学生阅读。配合读书活动每学期举办1—2次读书辅导报告，每学年的寒暑假都开展爱国主义教育读书竞赛，每位同学都有5—6篇读书心得在班级和学校交流评比，形成制度，从而增强学生读书活动的效果。同时注重运用校本教材，对学生进行生动具体的爱国主义教育，增强学生热爱家乡的深厚感情和建设家乡的责任感。

3. 充分发挥德育基地的教育作用。德育基地是对小学生进行爱国主义教育、"两史一情"教育的重要资源，学校应充分利用特殊节日、纪念日、寒暑假组织学生参观革命烈士陵园、纪念馆等一批德育基地，在德育基地举行爱国歌曲演唱会、义务劳动等，使学生们在极富感染力的氛围中，受到生动、形象、深刻的爱国主义教育。

二、注重爱国主义教育的实践

爱国主义是一种具体实在的崇高情感，加强爱国主义教育，最终要落实到爱国爱乡之行上，促成知情意行的统一。组织学生参加爱国实践活动是加强爱国主义教育的主要措施。

1. 积极组织学生参加社会劳动实践。如通过组织学生开展社会不规范用字情况的调查活动，激发同学们对祖国语言文字的热爱之情；每年的清明时节，组织学生祭扫烈士陵园，为革命先烈擦墓碑；利用节假日参加义务劳动，参加维护交通秩序和创卫打扫等等，激发学生爱国爱乡之情。

2. 深入开展献爱心、送温暖活动。教务处应多次组织为家乡建设、希望工程、孤寡老人献爱心等活动。鼓励学生用知识和爱心为社会贡献出自己的一份力量，提高思想道德素质。

3. 激励学生为振兴中华而努力学习。学习是学生的主要任务，弘扬爱国主义精神，最终还应落实到培养学生的责任感、使命感，为社会主义现代化建设而努力学习。结合各学科的教学，还应特别注重激励学生学科学、爱科学、用科学，在教师的指导下，进行发明创造实践活动，学以致用，为祖国建设贡献聪明才智。

学校爱国主义教育是一项长期的系统教育工程，内容十分广泛，具有鲜明的时代特征，面对社会主义市场经济新形势和学生的思想实际，在今后的教育工作中，进一步突出教育内容、教育目标的时代性、开放性、实践性，弘扬爱国主义的主旋律，分层次、多渠道、全方位开展爱国主义教育活动，提高学生思想道德素质，培养社会主义的四有新人，将是学校德育教育的永恒主题。

三、加强小学生爱国主义教育的现实意义

1. 弘扬民族精神。民族精神是一种激发人向上的动力源，是人类群体间一种强大而具普遍意义的凝聚力和向心力。因此，民族精神应成为学生道德教育的灵魂。道德教育必须致力于培养小学生的民族精神。

爱国主义是民族精神的核心。小学开展弘扬和培育民族精神教育必须高扬爱国主义旗帜，倡导一切有利于民族团结、祖国统一、人心凝聚的思想和精神。引导学生树立以热爱人民、报效祖国为最大光荣，以损害国家和人民利益、民族尊严为最大耻辱的观念。

2. 推进素质教育的需要。爱国主义教育是德育的主旋律，在素质

教育中发挥着导向、动力和保证作用。只有树立了正确的世界观、人生观、价值观，科学文化素质和身体心理素质才能向着健康的方向发展；只有热爱祖国、热爱人民、热爱社会主义，才能更好地发挥聪明才智，在社会主义现代化建设中做出更大贡献。另外，素质教育对爱国主义教育提出了更高的要求。素质教育要求全面提高学生的素质，作为素质教育重要组成部分的爱国主义教育同样应当全面提高学生的思想道德素质。

3. 小学生成长的需求。爱国主义教育是全民教育，重点是广大青少年。广大青少年是祖国未来的建设者，是中国特色社会主义事业的接班人。他们的思想道德状况如何，直接关系到中华民族的整体素质，关系到国家前途和民族命运。我国当代正处于一个瞬息万变的时代，社会观念的更新，学校教育与社会实际的脱节，往往使当代青少年在纷繁复杂的外部世界面前感到无所适从。他们看问题易带片面性，表面化，他们在世界观、人生观、价值观上出现了深深的困惑。因此，思想道德教育在当代的小学教育中占有非常重要的地位。对小学生来说，具有良好的道德，能使他们更好地发挥聪明才智，能增添战胜困难的信心、勇气和力量，具有良好的道德，能使他们充分感受生活的美好和意义，能使他们更好地适应社会生活，成为对社会有用的人。小学生正处在思想品德形成发展的过程中，可塑性强，这一时期加强爱国主义教育，效果最好。这一阶段的爱国主义教育对他们的一生具有决定性的影响。优良的品德是一个人的灵魂，是做人做事的根本。从小就在他们的心底埋下爱国主义的种子，从小养成优良品德，才能成就一番事业，才能成为一个品德高尚的人，成为一个有益于社会，有益于人民的人。

第二节 定期举行校园运动会 督促学生加强体育锻炼

一、加强学生体育锻炼

（一）开展丰富多彩的体育活动

1. 定期举行运动会

学校运动会不仅仅是一次体育运动会，更应该让它成为学校素质教育的一个重要组成部分。体育与健康课程以促进学生身体、心理和社会适应能力的提高为目标，作为体育与健康课程中的一项重要活动——学生体育运动会，也应该使学生在和谐、平等、友爱的运动环境中感受到集体的温暖和情感的愉悦；在经历挫折和克服困难的过程中，提高抗挫折能力和情绪调节能力，培养坚强的意志品质；在不断体验进步或成功的过程中，增强自尊心和自信心，培养创新精神和创造能力，形成积极向上、乐观开朗的生活态度，形成现代社会所必需的合作与竞争意识，学会尊重他人和关心他人，培养良好的体育道德和集体主义精神。通过举行学生体育运动会，满足学生真正的需要，让每个学生都能够从中受益，以促进学生的成长和全面发展。

2. 其他小型体育活动

学校体育教学中，开展各类活动应注意群众性和经常性，坚持小型多样、单项分散、比较为主的原则。并根据学校体育运动传统和季节特点安排竞赛活动。如每年元旦举办一届长跑运动会，五月份举办一届球类运动会，这不仅对学生进行了很好的思想品德教育，丰富和活跃了课余文化生活，而且能起到广泛宣传鼓励作用，从而提高广大学生参加体育锻炼的自主性，有助于培养学生奋勇拼搏、遵守纪律、服从裁判等优良品质和集体主义精神。

（二）扩大体育宣传力度，提高学生参加体育锻炼的自主性

学校要从思想上去引导学生了解体育，使他们正确认识体育的重要地位和作用，不断增强学生身心健康的成长意识，让学生认识到体育是每个人一生中不可缺少的组成部分，是意志品质的考验，是国家和民族精神的体现。培养学生参加体育活动的意识，增强参加体育锻炼的自主性，从而达到提高学生身体素质的目的。在学校经常组织一些有趣适宜的体育活动，让这些活动吸引住他们，让他们在活动中找到乐趣，在乐趣中提高身体素质，利用集体主义精神，注意培养班级体育骨干。

二、建设校园体育文化

（一）校园体育文化的内涵

校园体育文化是指校园内所呈现的一种特定的体育文化氛围。它是以学生为主体，以课外体育文化活动为主要内容，以校园为主要空间，以校园精神为主要特征的一种群体文化。这种特定的文化氛围是和学校的培养目标、校风校纪、生活方式等内容相联系的。

校园体育文化作为一种社会文化，是学校在长期的教学和管理过程中逐步形成的，更是在广大学生直接参与和教师精心培养下发展起来的。它对改善学生的智能结构，加强学校与社会的交往，继承传统、学习外国，大胆吸收和借鉴人类社会的一切文明成果，提高学生成长的积极性、主动性和创造性，促进教育改革的深入发展，具有特殊的地位和作用。校园体育文化是挖掘学生潜能的广阔天地，是最受学生青睐的一枝夺目的奇葩，是学生心理行为的复合显现，是学生从"自然人"向"社会人"转轨的助动力。校园体育文化生活可谓是精神文化的百花园，丰富多彩

的校园体育文化的雨露，能及时催开小学生心灵的花蕾。

（二）加强校园体育文化建设的措施

加强小学的校园体育文化建设，提高学校校园体育文化档次，实现学校体育效益最大化，首先必须提高对校园体育文化建设的认识，克服认识上的局限性。其次应进一步加大校园体育物质文化建设，并提供强有力的经济保障。再次，应进一步加强体育师资队伍建设，通过引进、培训和建立激励机制等手段优化师资队伍，提高教师档次。在此基础上，从方法论的角度，不断探索促进校园体育文化建设的途径和手段，不断丰富校园体育文化的内涵，以建立各具特色的小学校园体育文化。

1. 加强媒体宣传力度。经常运用标语、图展、广播等媒介，进行体育文化的渗透，使师生员工真正认识到强身健体的重要性，培养他们对体育的兴趣，提高参与程度，使大家都了解体育、参与体育、享受体育。

2. 重视课外体育活动。课外体育活动是开展体育文化活动的主要途径，它既要完成体育锻炼的任务，又要活跃学生的课余文化生活。要认识到课外体育活动对提高学生锻炼意识和积极性有很好的促进作用。

3. 组织体育知识讲座。体育知识讲座是丰富学生体育知识的重要手段，可以邀请校内外体育专家、运动员配合体育教学任务进行讲座，介绍国内外体育赛事、体育形势、体育文化等，拓宽学生视野，丰富学生体育文化知识。

4. 组织观摩体育比赛。观摩比赛可分为录像、电视实况转播、现场观看等形式。组织学生观赏比赛，有利于提高学生对体育的兴趣，同时也是陶冶学生情操、培养学生热爱体育活动、欣赏体育美的重要手段。

5. 组织体育知识竞赛。学校组织体育知识竞赛具有简单易行的特点。可充分利用所掌握的体育知识，组织班级、年级甚至全校的体育知识竞赛活动，以提高学生对体育文化的兴趣和参与的积极性。

6. 加强学校运动队建设。运动队在校园体育文化建设中往往有着举足轻重的地位。体育传统学校的运动队是学校对外的一个窗口，同时对全校师生员工有很强的凝聚力，在建设学校体育文化过程中，应充分发挥它的作用。

7. 建设有特色的校园体育文化。加强体育物质文化建设，合理使用场地设施和体育用品；加强体育设施的教育性；让学生有目的地进行健身活动，提高体育文化素养。创建一些富有时代气息的体育角，如攀岩、小型网球场等，以新颖的学生喜闻乐见的运动项目激发学生的体育学习兴趣。结合学校的传统项目设置一些辅助器材，如排球传统项目学校，可在操场四周设置一些"吊球"（其中有固定和不固定的）供学生练习垫球、传球、扣球和纵跳摸高等。由于各学校的办学类型、办学条件、地域位置、师生结构等存在一系列的差异，因此，各学校应根据自己的具体情况发展校园体育文化，最终形成自己的传统和特色，实现校园体育文化建设的可持续发展。

校园体育文化的建设，不仅丰富学生的课外文体生活，而且有利于调动和激发学生参与体育的热情，是培养终生体育的大舞台。通过校园体育文化的建设，积极营造一种健康、文明的校园体育文化氛围，实现环境育人的教育理念，是学校和谐发展、争创名校和创建名校的一个有力的抓手。

【案例】

某市小学开展"阳光体育运动"的实施方案

一、实施原则

1. 开展阳光体育运动，要遵循教育性、科学性、趣味性原则。阳光体育运动应坚持育人的宗旨，遵循教育规律和小学生身心发展特点，寓学于乐，寓练于乐，切忌成人化和强制性。

2. 开展阳光体育运动，要遵循全面性原则。阳光体育运动的内容与形式要丰富多彩，能够满足不同特长、不同兴趣、不同层次学生的发展需要，促进小学生的身体素质、心理素质全面提高，并形成在普及与提高的基础上良性发展的局面。

3. 开展阳光体育运动，要遵循自主自愿与积极引导相结合的原则。教师要因势利导、因材施教，充分尊重学生的自我选择权和自主活动权，为学生营造一个自主讨论、组织、操作、交流和评价的良好环境和氛围。

4. 开展阳光体育运动，要遵循与体育课教学相结合的原则。坚持依法治教，规范办学行为，严格执行国家有关体育课时的规定，开足上好体育课，不得以任何理由挤占体育课时。深化教学改革，不断提高教学质量，通过体育教学，教育和引导学生积极参加阳光体育运动。

5. 开展阳光体育运动，要遵循与课外体育活动相结合的原则。配合体育课教学，保证学生每个学习日有一小时体育锻炼时间。将学生课外体育活动纳入教育计划，形成制度。认真组织实施"全国中小学生课外文体活动工程"，大力推行大课间体育活动形式，积极创建小学生快乐体育园地，加强学生体育社团和体育俱乐部建设，通过广泛开展学生体育竞赛、主题鲜明的集体项目、具有地方特点和民族特色的学生体育活动等，不断丰富学生课外体育活动的形式和内容。

6．开展阳光体育运动，要遵循安全第一原则。要加强安全教育，制定切实有效的安全措施、应急措施和防范措施，避免和防止意外事故的发生。

二、实施要求

1．统一思想，提高认识。学校要充分认识开展阳光体育运动的重要性，成立校长为组长的阳光体育运动领导小组，明确分工，责任到人，把开展阳光体育运动作为推进素质教育、活跃学生课余生活、培养学生健康生活方式的一个重要组成部分，落到实处，见到实效。

2．因地制宜，制订规划。组织小学生开展阳光体育运动是学校教育的一项经常性的工作，各校要根据教育部阳光体育运动实施工作的总体要求，结合各校实际实事求是地制订切实可行的规划和实施方案，并在实践和探索中不断完善，形成特色。

3．强化培训，全员参与。要加大专职体育教师、班主任和其他学科教师的培训力度，培育一支高素质的教师队伍，以满足学生阳光体育运动对师资的较高要求。教师为学生阳光体育运动辅导不得收费，但可计入工作量，作为教师工作考核的一项内容。同时，要充分利用校外人力资源优势，形成校内外结合的活动指导网络。

4．加大投入，统筹资源。学校要加大经费投入，要把学校体育专项经费纳入年度教育经费预算予以保障，并且做到随教育经费的增长同步增长。要进一步加强学校体育场馆建设和体育器材配备，完善学校学生课外体育活动设施，为实施阳光体育运动提供必要的物质条件。同时，要积极利用现有条件，因地制宜，就地取材，改善活动设施。要充分利用当地的社会教育资源，以满足学生掌握至少两项日常锻炼的体育技能的新要求，不断拓展课外体育活动空间。

第三节 开设各类课外兴趣爱好小组 促进学生全面发展

一、课外兴趣爱好小组的组建

要使课外兴趣爱好小组充分发挥其作用，如何组建课外兴趣爱好小组是首先应该考虑的问题。要组建好课外兴趣爱好小组，首先应该考虑课外兴趣爱好小组的分类问题。如果组建的小组学生不感兴趣，那就失去了初衷。因此，在组建之前，教务处可以采用问卷调查的方法来获得小学生的兴趣信息。这一点至关重要，兴趣调查是否正确，关系到小组的划分是否正确，因此问卷调查要指定专人负责。问卷中内容要多样化，问卷发放的范围要广，要保证采样的正确性。

二、课外兴趣好爱小组的管理

组建好课外兴趣爱好小组后，教务处如何对课外兴趣爱好小组进行有效的管理是一个值得考虑的重要问题。对课外兴趣爱好小组的管理主要包含人员管理和组织活动的管理两个方面。

（一）人员管理

对每一个课外兴趣爱好小组，可以指定一名或多名辅导教师，小组的人员确定后，可以先由辅导教师指定一名小组长，任期一个月，待一个月后，组内成员相互熟悉后，再进行选举产生组长。辅导教师一定要选好，一个好的辅导教师，不但要有过硬的专业知识，还要有较强的组织能力，具备了这两点的辅导教师才能把组内学生带好，课外兴趣爱好小组才能真正发挥它的作用。组长要实行聘任制，组长要能够配合辅导教师组织好活动。要制定好小组考核制度，如果组内成员连续几次考核不合格，那就可以考虑将其排除在小组之外，而对于开始没在兴趣小组中，而后来又有较强烈的愿望想加入的教师，如果他各方面都符合要求，也可以考虑将其吸收进来。在进行小组人员管理时，要保证小组成员都是有兴趣的，有兴趣的都吸收进来了。

兴趣小组的人员管理包括对组内成员的管理和对辅导教师的管理。对组内成员管理的主要目的是最大可能地保证组内成员的纯粹性，对辅导教师的管理也是一个非常重要的方面，辅导教师好比一个火车头，在整个课外兴趣爱好小组中起着龙头作用，一个好的辅导教师能够充分调动组内成员的积极性，也要建立对辅导教师的考核制度，可以更换考核不合格的辅导教师，对非常有责任心的辅导教师，也要给予一定的奖励。

（二）组织活动的管理

课外兴趣爱好小组组建后，要定期开展活动。只有有效地开展活动，才能让学生在活动中锻炼自己，将课外兴趣爱好小组的价值发挥到最大。例如，英语演讲课外小组，教务处可以根据学生和教师的时间，定期开展演讲比赛等活动，提高学生的英语口语水平，做到学以致用。另外，课外兴趣爱好小组的活动开展要多样化，不要拘泥于形式。

当然，教务处要制订一套切实可行的兴趣小组考核方案，对兴趣小组每次组织的活动进行登记，建立完善的活动登记制度。要对各兴趣小组定期进行考核，对于连续几次考核不合格的兴趣小组，可以强制将其取消。对于一些各项活动开展良好的小组，要给予一定的物质或精神奖励。

【案例】

某小学课外兴趣小组活动计划

一、指导思想

以丰富校园生活、促进学生全面发展为指导，创设生动活泼的育人环境。在规定时间内组织学生参加丰富多彩的课外兴趣小组活动，激发学习兴趣，发展个性特长，促进学生身心健康全面发展。

二、目的意义

课外活动是学校课堂教学的延伸性活动，是进一步深化教育教学改革，全面实施、推进素质教育的一个重要体现。课外兴趣小组活动的正常开展，既可以丰富学生的课余生活，也可为学生提供一个自主发展的时间与空间。组织丰富多彩的文化、艺术、科技、体育活动，符合广大学生家长的意愿，学生通过活动，能获得许多在课堂中学不到的知识、技能，有利于激发学生的学习兴趣，发展个性特长，促进学生身心健康发展。

三、具体活动安排

1. 活动时间

每周一、二、三、四、五下午第三节课

2. 活动内容

根据学校特色建设情况，结合学校师资力量和教学资源，拟开设两个层面的活动：

（1）以体育（篮球、乒乓球、跳绳、田径、跳远、跳高）、美术、舞蹈、科技为内容的校级兴趣活动小组。

（2）以班级为单位开展阅读、英语、跳绳、踢毽、乒乓球、羽毛球等兴趣活动小组，结合学校的特色建设，有计划地组织学生开展课外活动。在活动中，使学生学到技术，形成技能。并在实践活动中，培养学生的综合能力。

3. 活动要求

课外活动必须落到实处，指导教师要有明确的活动目标，认真制订切实可行的活动计划，并认真安排好活动内容，及时做好相关记录。根据学校实际情况，保证每次活动质量。

四、活动组织

1. 学校成立课外活动领导小组，根据学校实际情况，设置活动项目，统一安排活动的开展。

2. 各小组的活动要做到"三定"（即定内容、定地点、定人员）；活动有计划、有实施步骤；活动内容切实可行，有利于学生的健康发展；辅导教师做好活动情况记录和活动小组学生的管理工作。

3. 学校课外活动领导小组加强督导，认真巡视，切实保证活动开展的时间和活动效率，杜绝将兴趣小组活动时间移作他用。

4. 辅导教师要不断加强理论和业务学习，不断提高理论水平和业务素养，踏踏实实地做好辅导工作，不断开拓，勇于创新，发扬奉献精神，为深化素质教育，促进学生的全面发展做出贡献。

第九讲　让爱扬帆
关注学生健康发展

第一节　用心观察
时刻关注学生心理动向

一、加强小学生心理健康教育

小学生心理健康教育是根据小学生生理、心理发展的规律和特点，运用心理学的教育方法和手段，培养小学生良好的心理素质，促进小学生身心全面和谐发展和整体素质全面提高的教育。

小学生心理健康教育是素质教育的重要组成部分，是实施"面向21世纪教育振兴行动计划"、落实"跨世纪素质教育工程"、培养跨世纪高质量人才的重要环节。同时，切实有效地对小学生进行心理健康教育也是现代教育的必然要求和广大小学教育工作者所面临的一项共同的紧迫任务。

二、加强小学生心理健康教育的途径和方法

（一）要重视家校合作形式

较早涉足儿童心理健康教育的国外教育者，在家校合作理论和实践上，具有三个显著特点：首先，高度重视家校合作在学校心理健康教育中的重要作用；其次，形成了心理健康教育家校合作的有关理论

和较为多样化的工作模式；再次，心理健康教育家校合作的形式多样、内容丰富，注意与时俱进。因此，借鉴国外经验，需在以下三个方面作出相应努力：首先，要进一步在认识上、行动上重视心理健康教育家校合作；其次，要在心理健康教育家校合作的理论探讨和工作模式建构上作出努力；再次，要在重视心理健康教育家校合作实施过程中与时俱进。

（二）要加强师资队伍建设

首先，组建一支以专职教师为主，兼职教师为辅，专兼职模式相结合的心理健康教育的教师队伍。

其次，在培训上下功夫。将理论知识学习与实践技能培养、理论学习与专家指导的实践结合起来，并注重师资的研究能力与反思能力的培养，逐步实现学校心理健康工作者的培养专业化、研究化。

再次，在提高教师素质上下功夫。力争使学校的每位教师树立关心学生心理健康的意识，从而将心理健康教育渗透到学校教育的各个方面、各个环节，使每一位教师都成为学生心理健康的"保健医生"。

（三）开辟多种渠道，开展心理健康教育与训练

1. 开设专门的心理健康教育课程，帮助学生了解心理科学知识，掌握一定的心理调节技术。课程可以分为两部分：一部分为知识理论课，如心理卫生常识讲座、心理调节问题答疑等，在心理知识的学习中明确认识、矫正观念，以积极的态度去对待自己的心理冲突。另一部分为活动训练课，这是在小学生中开展心理健康教育最为有效的方法。活动内容包括：小品表演，角色模拟游戏，互访互问，以及其他活动形式。在活动中学生不仅可以学习介绍自己、了解别人、与人沟

通交流的社交技能，还可以掌握一些诸如转移情绪、宣泄痛苦、发泄愤怒的心理调节手段，使学生在有益的文化熏陶中提高文化素养，陶冶高尚情操，养成健康心理状态。

2. 成立心理咨询室。心理咨询室以学生个体或小组为对象，也接受学生的主动咨询。为使心理咨询室的工作更加专业化，教师应培训上岗。心理咨询室要有专任教师、专门的工作计划、固定的开放时间、固定的场所。小学生心理咨询室建设的环境布置除了符合心理辅导的要求，还要增加儿童的特点，让小学生一进门便喜欢它，仿佛进俱乐部活动一样开心。

3. 心育雏鹰行动。雏鹰行动是少先队教育活动的一种形式，心育雏鹰行动是在此基础上，侧重在小学生中开展如品德践行、社会实践、献爱心送温暖等活动，让学生在相互鼓励、相互帮助、相互关爱、相互学习中，心心相印，共同进步。

4. 创办心育小报。心育小报可以是小学生自办的"手抄报"，班级中可以有一份或多份，也可以在班级墙报、黑板报中开辟出专栏。心育小报由学生自编自办，旨在让学生交流各自的内心世界，介绍心理健康知识，进行学生心理问题的探讨。班级心育小报可以"走出"班级，与其他班级交流，与学校的广播、小电视台相结合，充实校园媒体、校园文化内容。作为心育小报的"双胞胎"，还可办出心理画报和心理漫画，借助美术表现、欣赏的功能，提高心育效应。

（四）要努力推进本土化心理健康教育

结合我国民族心理、历史文化传统的具体情况，学校心理健康教育也要反映适合我们国家和民族及民众的心理特征，能推陈出新，树立自己的风格与特色。在引进、吸收与借鉴国外先进经验时，切忌盲目照抄，生搬硬套，而要实事求是，在立足国情的基础上，注重实际教育效果，将国外先进的理论和我国教育及学生的心理发展的特点相结合，从而努力建设具有中国特色的小学生心理健康教育体系。

三、学校加强小学生心理健康教育的重要性

近几年，由于经济的发展，人们的思想观念不断更新，社会环境也日趋复杂。加之独生子女越来越多，受家庭的宠爱、社会的宠爱等种种原因，造成学生的心理问题日渐增多。如果用心观察，会发现有许多这样的学生：他们有的性格懦弱，做事没有信心，生怕别人笑话；有的专门挑别人的缺点、毛病，去笑话别人；有的凡事都以"自我"为中心，对他人他事漠不关心，从不考虑他人；又有的则生性激动，对所见所闻极易做出过激行为；有的学生孤僻离群，沉默寡言，自我封闭；又有的则异常活跃，常常不分场合过分地表现自己；有的学生对学习失去兴趣，自暴自弃。这些状况都值得教育工作者深思。

小学阶段是人生长发育初期，这一时期生理发育很快，而心理则几乎从零开始，尽管孩子入学前受到家庭的一些影响，但是这与学校教育阶段相比，则显得微乎其微，小学阶段的心理健康教育必将奠定孩子的心理健康基础，一个人的性格、意志、品质、人格、兴趣爱好及各种技能等都将在这一阶段初步形成，人的想象力、创造力、记忆力、思维力、注意力等也将初步得到开发。所以，学校要加强学生心理健康教育，使他们初步形成健康的心理，为学生的未来打下坚实的基础。

四、小学生心理健康教育应注意的问题

为达到心理健康教育的目的，2002年教育部在《中小学心理健康教育指导纲要》中，对心理健康教育的主要任务作了明确规定：全面推进素质教育，增强学校德育工作的针对性、实效性和主动性，帮助学生树立在出现心理行为问题时的求助意识，促进学生形成健康的心理素质，维护学生的心理健康，减少和避免对他们心理健康的各种不利影响；培养身心健康，具有创新精神和实践能力，有理想、有道德、有文化、有纪律的一代新人。为此，在具体执行中应特别注意以下三点：

1. 满足合理需要。小学生的合理需要主要包括生存和发展所必需的物质需要，安全需要，归属、交往和爱的需要，尊重信任的需要等。

2. 加强学生心理辅导。辅导包括集体辅导和个别指导。集体辅导要有预见性和超前性，是指针对小学生身心发展过程中出现的或可能出现的带有普遍性的问题，采取适当的方式加以辅导，使之对自己成长发育中必定或可能面临的问题有所认识，有所准备，能以积极自觉的心态有效地面对。个别指导主要是指根据个体心理的差异性，有针对性地给予帮助和指导。

3. 及时调治。由于小学生身心发展和健康教育的复杂性，个体之间的差异性和家庭生活、环境影响的多样性，因而无论学校对心理健康教育多么重视，工作多么细致，效果如何显著，也不可能使所有小学生的心理健康状况都能达到非常理想的程度，总会有少数或个别小学生出现这样或那样的比较严重的心理障碍或心理疾病，这就要求从事小学生心理健康教育的人员以及班主任和辅导员能根据有关方面的知识，善于识别，及时发现，并能随时与家长取得联系，提供建议，及时送往医疗性心理咨询、心理治疗机构，由专业人员及时有效地给予调节和治疗。

第二节　普及法律知识
从小培养学生的法律意识

一、加强小学生法制教育的重要性

党的十五大明确把依法治国确定为党领导人民治理国家的基本方针，并把依法治国、建设社会主义法制国家作为政治体制改革的重要内容。改革开放以来，我国制定并完善了许多法律制度，在制度建设上已经接近世界先进水平，但两千多年封建传统积淀的人治思想根深蒂固，法制观念与法律制度的严重脱节，影响着我国民主与法制建设的进程。而要使人们的法制观念从传统的桎梏中解放出来，唯有大力开展普法教育，提高全民法律意识。小学是开展法制教育的基础阶段，小学生法制教育是共和国民主法制建设的奠基工程、希望工程。

基础教育的根本任务就是提高全民素质，当前，基础教育领域正在推行素质教育，素质教育从培养"四有"新人出发，以全面提高国民素质为宗旨。而法制教育水平、法制观念是国民素质中众多组成部分之一。对小学生进行素质教育，应把法律意识即法制精神的培养、法律知识的掌握作为其中的一个重要内容。

十多年前，邓小平强调："加强法制重要的是进行教育，根本问题是教育人，法制教育要从娃娃开始，小学、中学都要进行这个教育，社会上也要进行这个教育。"江泽民也强调，教育是个系统工程，要切实加强思想教育、纪律教育、法制教育。《教育法》《预防未成年人犯罪法》也赋予学校进行法制教育的职责。

二、学校法制教育的现状及原因分析

目前，我国的未成年人约占总人口的1/3，青少年中绝大多数正在健康成长，然而由于我国政治、经济、文化生活中还存在一些不利于青少年成长的因素，小学生的现状令人担忧。一方面侵犯青少年利益的事件时有发生，另一方面，青少年犯罪在局部地区突出起来——暴力型犯罪有所发展，犯罪性质严重化。尤其在校生犯罪数量逐年增多，相当一部分学生对法律一无所知，法制观念淡薄，缺少起码的法律意识和守法观念，成为影响社会治安的危险因素。其基本原因就是缺乏对青少年的法制教育，法制观念没有内化积淀到他们的人格中去。

小学虽然开设品德与社会课，但现实生活中应试教育片面追求升学率、急功近利的思潮，严重偏离教育方针，至今依然阻碍着小学法制教育的有效进行，不仅不能预防减少犯罪，反而造就了一些新的法盲，使犯罪走向低龄化、智能化，严重危害社会治安，影响国民素质的整体提高。

三、培养小学生法律意识的途径及方法

小学的法制教育要运用科学的教育教学方法，结合实际情况有目的、有计划地开展法制教育，提高学生的法制意识，促进他们遵纪守法，提高整体素质。

1. 小学生法制教育的内容。小学生法制教育内容可选用《〈中华人民共和国预防未成年人犯罪法〉普及教育读本》等书作为教材。在教育中要有针对性，与当前学生中存在的比较普遍的法制问题紧密结合起来。例如，要让学生懂得"未成年人不允许进入营业性歌舞厅、电子游戏室等场所"。因为如今学生减负后有了较多的课余时间，如果学校没有对学

生加强教育和正确引导，他们就容易误入营业性电子游戏室之类场所活动，危害身心健康。又如，让学生懂得"自觉抵制有害读物的传播"很重要。因为小学生平时喜欢看杂志、画报之类的读物，但由于他们年龄小，明辨是非能力差，容易被不健康的刊物所引诱。学生学习《预防未成年人犯罪法》后，懂得未成人严禁观看、收听色情、淫秽的音像制品和读物等有关法律知识后，就有了辨别是非的能力。再如，近几年父母离婚的学生逐渐增多，这些孩子有的被父母抛弃，无人关心，失去了家庭的温暖，容易误入歧途。学生学习了未成年人保护法后，懂得父母或者其他监护人对未成年人不得放任不管，放弃监护职责等法律知识，使自己能得到法律的保护。

2. 开展法律教育的方法。目前学校法制教育还是一个薄弱环节，缺乏经验。对小学生进行法制教育，要根据他们的年龄特点，结合实际运用多种方法进行有效的教育，使学生真正掌握好相关法律知识。

（1）开设法制教育课。每周开设一节法制教育课，做到有教学教材，有专职教师，充分利用课堂时间保证学生学好法律知识，并且在平时对他们进行法律知识测验。

（2）进行法制教育主题讲座。学校可请法制专家或学校法制教师主讲，根据本校学生实际给学生进行"明确学习法律的意义，预防犯罪知识"等主题讲座，有目的地对全体小学生进行法制教育。

（3）开展法制知识宣传教育。学校积极开展普法教育，在提高实效上下功夫，使学校法制教育逐步走向深入化、规范化、科学化，全面提高依法行政、依法治校水平。学校根据学生的年龄特点、身心发展规律和教育要求，重点组织学生学习《义务教育法》《道路交通法》《环境保护法》《动物保护法》《小学生日常行为规范》及教材中涉及的思想品德等内容。为确保法制宣传教育顺利进行，积极组织多种形式的法制宣传活动，以法制专题讲座、法制图片展览、板报、墙报、专栏、广播等形式，把普法宣传搞活搞实，使广大师生受到生动形象、潜移默化的法制教育，提高师生学法、懂法、用法、遵纪守法的水平。充分利用家长委员会这一重要家校沟通媒介，以家长为窗口，用讲座、板报、橱窗等多种形式进行法制教育的社会宣传活动。

（4）建立法制教育辅导站。学校可以设立法制咨询信箱，每天中午在辅导站有法制教师值班，积极为学生提供有关法制的知识，帮助学生解决有关法制方面的问题。

四、开展小学生法制教育的组织建设

学校法制教育具有很强的思想性、科学性、知识性，要开展好这项工作必须加强组织建设。

1. 成立法制教育领导小组。目前有好多学校已对小学生开展法制教育，但还没有建立健全的组织。在法制教育工作中缺乏科学性和系统性，在管理上不够规范，教育效果不佳。因此，要全面深入开展法制教育工作，学校应成立法制教育领导小组，制定切实可行的实施方案，使法制教育正常化、规范化。

2. 加强法制教育的专业队伍建设。法制教育是专业性很强的一项工作，涉及到国家的法律法规，关系到青少年学生的健康成长。因此，法制教育必须由经过严格训练的、具有专门知识的教师来进行。学校可以对担任法制教育工作的教师进行重点培训，以达到一定的知识水平和技能要求。在教育工作中教师要积极地学习与探索研究，在实践中不断积累知识和教育经验，努力提高自己的业务水平。

3. 提高从事法制教育教师的地位。从事小学生法制教育的教师工

作是繁忙辛苦的，学校不但要重视对他们在专业上的培养，而且要采取措施提高他们的政治地位，改善他们的物质待遇，鼓励这些教师热爱此项工作，调动他们搞好法制教育的积极性。

第三节　定期开展安全知识讲座 培养学生安全防范意识

小学生大多缺乏基本的安全知识和自救能力，自我保护意识及避免伤害的能力也比较弱，因而小学生在安全事故中很容易受到伤害。所以，培养小学生树立安全意识、掌握安全自救知识、锻炼自救自护能力，使他们能机智勇敢地处理遭遇到的各种异常情况和危险，是很必要的。

一、校园安全文化建设

（一）倡导校园安全文化，树立小学生的安全意识

校园是传播和继承人类文化知识的重要场所，安全教育的关系倍受人们重视。如何保证有一个良好的校园秩序和优美的校园环境，保护学生的人身安全，直接关系到一个校园的文明程度和发展潜力。校园安全文化以"学生"为本，以文化为载体，通过文化的渗透提高小学生的安全价值观和规范小学生的行为，从而形成有利于确保安全的思维方式、精神风貌、舆论、习惯等。

（二）完善相关规章制度，有章可循

教务处应结合学校实际，逐步建立健全和完善各项管理制度，使得相关的各项工作有章可循。规章制度的制定主要是明确责任，使"预防为主"的原则从严从细落实到日常安全管理工作中，并在实际工作

中依法办事、依章办事，狠抓落实。没有规矩就不成方圆，有了完备的规章制度就有了执行的依据和准则。这样，校园安全文化建设就一定能落到实处。

（三）开展一些安全文化活动，营造充满生机的校园环境

安全文化活动的形式是多种多样的，可以举办专题讲座，可以采用板报形式宣传，可以举行各种形式的辩论讨论，可以进行现场演习，还可以在各科目的教学活动中加以渗透等，总之，在校园内要有意识地营造一种安全文化的氛围，使小学生在其中不知不觉地接受安全文化的熏陶，从而达到增强学生安全意识，提高学生安全素质的目的。

二、培养学生安全防范意识的具体措施

（一）加强安全教育，提高重视程度

安全教育的落脚点应是培养未成年人的安全意识，形成自救自护能力。学校在安全教育方面应主要做好心理安全教育、交通安全教育、日常生活安全教育、活动安全教育、自然灾害中的自我保护教育、社会治安教育、意外事故处理教育等。教师们通过不同的形式将方方面面的安全知识教给学生，让学生在头脑中牢牢树立安全第一的思想，服从安全第一的原则。仅有安全意识、懂得防范方法是不够的，必须将头脑中的意识与方法转化为学生自身的应变能力。

（二）开展形式多样的安全教育活动

1. 利用日常小事对小学生进行安全教育，让他们树立一定的安全意识。在小学生的日常生活中，总会发生学生在玩滑板时摔断了腿；爬树从树上摔下来，摔断了胳膊；在学校楼道上快跑与同学相撞，碰破了额头等安全事故。其中不少是进行安全教育的好材料，这些事情发生在学生的身边，很具有教育意义。学生能很清楚地看到受到伤害

的同学痛苦的样子并认识到受伤害的原因。例如，当有同学在走廊上与同学碰撞碰伤额头时，教师可抓住机会对学生进行安全教育。可以让在场的同学描述一下当时的情景，谈谈自己对这次事故的体会和看法，交流一下怎样可以避免这样的事故发生。对学生谈到的体会，教师进行必要的点评，并把说得好的意见张贴宣传，以提高安全警示教育作用。用身边的事教育学生，学生很容易受到教育，对帮助学生树立安全防范意识很有帮助。

2. 在班会活动中让小学生系统学习安全知识，掌握一些基本的自救方法。小学生的安全意识普遍比较薄弱，自身安全意识不强。小学生活泼好动的生理特点，使他们在日常生活中喜欢互相追逐嬉戏，走路蹦蹦跳跳。就算在过马路时行走路线也会变化无常，不顾前后左右，不理车辆行人，任意穿行，就算刺耳的汽车喇叭声响个不停也浑然不觉，因此发生交通事故的概率很高。小学生在校园内学习科学文化知识，学习压力很大，接触安全知识的机会不多，因此有必要利用班会让小学生学习到一些系统的安全知识，掌握一定的安全自救知识。利用班会对小学生进行安全教育需要注意：不能只是老师在不停地讲这样那样的安全知识以及自救办法。这样的安全教育班会就像过眼云烟，不会给学生留下深刻的印象。安全教育主题班会应该形式多样，比如可以通过小品、模拟情景、自救演练、安全施救等多种形式进行安全知识教育。这些形式可让学生真切感受安全事故的危害性，真切感受生命的可贵，产生情感共鸣，达到润物细无声的效果。学生通过眼观、耳听、手动，让安全知识在脑海中留下深刻的印象。

3. 开展安全知识讲座，提高学生的安全意识。小学生对警察、医生等专业人员特别敬畏，对他们说的话会产生特别的信任感。学校可以利用一定的时间请法制教师对学生进行专业的安全知识讲座，提醒学生在公路上行走时应注意的事项，教育学生在社会中如何保护自己，学生对他们说的话会记得牢一些。同时专业人员带来的视频资料对学生具有很大的警示作用，学生会从一个个安全事故的图片和资料中受到教育和启示，会认真去读安全知识资料中的每一句话。

4. 组织相关活动，利用游戏进行模拟练习。游戏是小学生最喜欢的活动，将自我保护的学习内容融入到游戏之中，能使小学生在轻松、愉快的气氛中进行安全教育。如让小学生懂得交通规则，学会安全过马路，就通过游戏"红绿灯"让小学生扮演车辆、行人等来练习。再如，让小学生懂得"上下车不拥挤，不把头、手伸出窗外，不在车内乱跑"等乘车常识，就利用表演小品《乘公共汽车》使小学生加深印象，这样小学生的自我保护意识在游戏中得到了发展。

（三）教给学生安全防范的基本技能

小学生自我保护技能的缺乏也是造成伤害的一个重要原因。他们有了一定的自我保护意识，但并不一定有能力处理一些带有危险的事情，需要老师教给他们一些自我保护的技能。

1. 通过示范讲解教学生如何去做。小学生年龄小，光凭一张嘴说教还不够，有时得示范、演示，甚至手把手地教。如在饮水机取水喝时，为了避免烫手，教学生先取一些凉开水，再取烫开水，并逐个地练习一遍。再如关门时，要看看有没有别人的手扶在门框上，看到别人要关门得赶紧把手挪开，避免手受伤。

2. 教给学生一些求救的方法

通过安全教育可提高小学生的自我保护能力，但他们的能力是初生的，有限的，有些事情靠他们自己是无法解决的。因此，要教会他们自己无法解决的事要向大人求救。自己的家庭住址、自己父母的工作单位和电话号码一定要记住，另外也要让小学生记住火警、急救等重要电话号码。独自在家时，陌生人来敲门，不能乱开，如果他硬要闯进来，就要打电话给爸爸妈妈或朝着窗外大声呼救。

（四）家校合力，共筑安全防线

小学生的大部分时间都在家中度过，家中也会发生很多的安全事故。如果只注重对学生进行在校安全教育，就不能很好地防范安全事故的发生。因此，要求教师在日常工作中要与家长取得联系，要求家长教给孩子一些在家如何保障安全的知识。例如，如何正确使用煤气、防止煤气中毒的安全教育，就需要家长协助老师才能让学生准确掌握。学校不具备现场演示开关煤气的方法，只有让学生在家长的监督下才能正确学会使用煤气。另外，学校要利用家长会对家长进行安全知识培训。例如，根据社会上发生的交通事故，向家长及时宣讲交通法规和学校的要求，提醒家长为了孩子不仅自己必须遵守交通法规，还要督促孩子注意安全。家长也要根据学校要求，主动对孩子进行安全教育。除此之外，家长要以主人翁的态度，经常向学校提建议，共同搞好安全教育。

三、加强小学生安全教育的重要性

1. 开展素质教育的需要

社会发展到今天，从现代教育理论的角度要求我们必须由"应试教育"向"素质教育"转变。因为教育本身是为了培养、提高学生全面素质，而不是单纯地灌输科学文化知识。不难看出，在学校对学生开展安全教育，具有加速培养合格人才的作用。开展安全教育，从学校治理的角度看，它可以提高学生的素质，为学生的健康成长和全面成长创造良好的外部环境和文化氛围。小学生一方面要自我约束，遵纪守法，另一方面，其学习和生活又要有必要的外部条件和稳定的治安秩序作保障，而小学生安全教育恰恰在这两方面得到了全面体现。

2. 复杂的社会治安形势的需要

目前，校园社会化现象日益明显，校内及校园周边环境日趋复杂。学生来校途中发生意外事故、打架斗殴事件等时有发生。大量事实说明，安全问题不仅是学生在校学习、生活中经常遇到的问题，也是在其他节假日要遇到的问题。小学生在学校学习文化知识的同时，学习、了解、掌握一些法律知识和安全常识，不仅可以做到在校期间自己不受伤害，也不伤害他人，自己不违法违纪并能同违法违纪行为作斗争，而且还可以依靠法律法规的力量保护自己，维护自己的正当权益。

3. 提高小学生安全意识的需要

根据小学生的年龄特点，他们的安全意识普遍比较薄弱，自身安全意识不强。主要表现为：缺乏自我保护意识，对社会了解不够。小学生在校园内学习、生活、接触社会少，辨别是非能力差，容易被犯罪分子利用指使其犯罪。还有的小学生不注意用电、用火安全，不注意出行交通安全，存在侥幸心理，往往容易造成安全事故等。因此，要加强安全教育，提高小学生的安全防范意识。

【附录】

某小学安全知识讲座（部分）

一、消防防火类

1. 基本要求：小学生不得玩火。一是不得带火柴或打火机等火种；二是不得随意点火，禁止在易燃易爆物品处用火；三是不得在公共场所燃放鞭炮，更不允许将点燃的鞭炮乱扔。在火灾现场，小学生等未成年人要坚持先逃生的原则。

2. 火灾的处理办法

（1）家中起火，不要慌张，应根据火情及时采取相应措施：如果炒菜时油锅起火，迅速将锅盖紧紧盖上，使锅里的油火因缺氧而熄灭，不可用水扑救。

（2）房间内起火时，不能轻易打开门窗，以免空气对流，形成大面积火灾。

（3）纸张、木头或布起火时，可用水来扑救，而电器、汽油、酒精、食用油着火时，则用土、沙、泥、干粉灭火器等灭火。

（4）若火势已大，必须立即报火警。被火围困时，应视不同情况，采取不同方法脱离险境。如俯下身体，用湿布捂鼻。

3. 发生火灾应如何报警？

如果发现火灾发生，最重要的是报警，这样才能及时扑救，控制火势，减轻火灾造成的损失。火警电话是119，这个号码应当牢记，在全国任何地区，向公安消防部门报告火警的电话号码都是一样的。根据这个号码，每年的11月9日被确定为消防安全日。不能随意拨打火警电话，假报火警是扰乱社会公共秩序的违法行为。在没有电话的情况下，应大声呼喊或采取其他方法引起邻居、行人注意，协助灭火或报警。

4. 遭遇火灾如何正确脱险？

遭遇火灾，应采取正确有效的方法自救逃生，减少人身伤亡损失。

（1）一旦身受火灾威胁，千万不要惊慌失措，要冷静地确定自己所处位置，根据周围的烟、火光、温度等分析判断火势，不要盲目采取行动。

（2）身处平房的，如果门的周围火势不大，应迅速离开火场。反之，则必须另行选择出口脱身，如从窗口跳出，或者采取保护措施以后再离开火场，如用水淋湿衣服、用温湿的棉被包住头部和上身等。

（3）身处楼房的，发现火情不要盲目打开门窗，否则有可能引火入室。

（4）身处楼房的，不要盲目乱跑，更不要跳楼逃生，这样会造成不应有的伤亡。可以躲到居室里或者阳台上，紧闭门窗，隔断火路，等待救援。可以不断向门窗上浇水降温，以延缓火势蔓延。

（5）在失火的楼房内，逃生不可使用电梯，应通过防火通道走楼梯脱险。因为失火后电梯竖井往往成为烟火的通道，而且电梯随时可能发生故障。

（6）因火势太猛，必须从楼房内逃生的，可以从二层处跳下，但要选择不坚硬的地面，同时应从楼上先扔下被褥等增加地面的缓冲，然后再顺窗滑下，要尽量缩小下落高度，做到双脚先落地。

（7）在有把握的情况下，可以将绳索（也可用床单等撕开连接起来）一头系在窗框上，然后顺绳索滑落到地面。

二、交通安全类

我国《交通法》规定，在道路行驶的机动车，必须遵守右侧通行的原则，机动车司机和前排座位乘客必须系安全带。

1. 行走时怎样注意交通安全？

同学们上学和放学的时候，正是一天中道路交通最拥挤的时候，人多车辆多，必须十分注意交通安全。

（1）在道路上行走，要走人行道；没有人行道的道路，要靠路边行走。

（2）集体外出时，最好有组织、有秩序地列队行走；结伴外出时，不要相互追逐、打闹、嬉戏；行走时要专心，注意周围情况，不要东张西望、边走边看书报或做其他事情。

（3）在没有交警指挥的路段，要学会避让机动车，不与机动车争道抢行。

（4）小学生在放学排路队时要头戴小黄帽，在雾、雨、雪天，最好穿着色彩鲜艳的衣服，以便于机动车司机尽早发现目标，提前采取安全措施。

2. 穿越马路应该注意什么？

穿越马路时可能遇到的危险因素会大大增加，应特别注意安全。

（1）穿越马路，要听从交警的指挥，要遵守交通规则，做到"绿灯行，红灯停"。

（2）穿越马路，要走人行横道；在有过街天桥和地下通道的路段，应自觉走过街天桥和地下通道。

（3）穿越马路时，要走直线，不可迂回穿行；在没有人行横道的路段，应先看左边，再看右边，在确认没有机动车通过时才可以穿越马路。

（4）不要翻越道路中央的安全护栏和隔离墩，更不能在马路上滑滑板。

（5）不要突然横穿马路，特别是马路对面有熟人、朋友呼唤，或者自己要乘坐的公共汽车已经进站，千万不能贸然行事，以免发生意外。

3. 怎样认识交通信号灯？

我们常见的交通信号灯有两种，一种是用于指挥车辆的红、黄、绿三色信号灯，设置在交叉路口显眼的地方，叫做车辆交通指挥灯；另一种是用于指挥行人横过马路的红、绿两色信号灯，设置在人行横道的两端，叫做人行横道信号灯。我国交通法规也对交通指挥信号灯作出了规定：

（1）绿灯亮时，准许车辆、行人通行，但转弯的车辆不准妨碍直行的车辆和被放行的行人通行。

（2）黄灯亮时，不准车辆、行人通行，但已越过停止线的车辆和已进入人行横道的行人，可以继续通行。

（3）红灯亮时，不准车辆、行人通行。

（4）绿色箭头灯亮时，准许车辆按箭头所示方向通行。

（5）黄灯闪烁时，车辆、行人在确保安全的原则下可以通行。

4. 骑自行车安全知识

我国被称为"自行车王国"，是世界上拥有自行车最多的国家。但是，自行车结构简单、一碰就倒、稳定性差，因此它是交通工具中的弱者。在交通伤亡事故中，非机动车（主要是自行车）受伤人数居第一，伤亡人数居第二。在我国，少年儿童年满12周岁，方能在道路上骑自行车，并要遵守交通规则在慢车道上骑车。

5. 乘坐公共汽车应该注意什么？

（1）乘坐公共汽（电）车，要排队候车，按先后顺序上车，不要拥挤。上下车均应等车停稳以后，先下后上，不要争抢。

（2）不要把汽油、爆竹等易燃易爆的危险品带入车内。

（3）乘车时不要把头、手、胳膊伸出手窗外，以免被对面来车或路边树木等刮伤；也不要向车窗外乱扔杂物，以免伤及他人。

（4）乘车时要坐稳扶好，没有座位时，要双脚自然分开，侧向站立，手应握紧扶手，以免车辆紧急刹车时摔倒受伤。

三、使用电器知识类

1．认识了解电源总开关，学会在紧急情况下切断总电源。

2．不用手或导电物（如铁丝、钉子、别针等金属制品）去接触、探试电源插座内部。

3．不用湿手触摸电器，不用湿布擦拭电器。

4．电器使用完毕后应拔掉电源插头；插拔电源插头时不要用力拉拽电线，以防止电线的绝缘层受损造成触电；电线的绝缘皮剥落，要及时更换新线或者用绝缘胶布包好。

5．发现有人触电要设法及时切断电源；或者用干燥的木棍等物将触电者与带电的电器分开，不要用手去直接救人；年龄小的同学遇到这种情况，应呼喊成年人相助，不要自己处理，以防触电。

6．不随意拆卸、安装电源线路、插座、插头等。哪怕安装灯泡等简单的事情，也要先切断电源，并在家长的指导下进行。

7．使用中发现电器有冒烟、冒火花、发出焦煳的异味等情况，应立即关掉电源开关，停止使用。

8．睡觉前或离家时切断电器电源。

第十讲　加强教务管理工作

第一节　加强教务人员队伍建设

一、要高度重视教务管理队伍的建设

随着教学改革的深入发展，学校要不断提高教学质量，就应高度重视教务队伍的建设和人才培养，优化教务队伍结构，把思想素质好、能力强、敬业奉献，以及学历层次较高、年轻、热爱教务管理工作的人员充实到教务队伍中来，还可以将那些管理水平高、业务能力强、教务管理经验丰富、勇于创新而又爱岗敬业的优秀人才吸引和充实到教务管理队伍中来。要充分肯定教务管理人员的工作地位与作用，改善教务管理人员的工作待遇。

同时，应加强对中青年教务工作者的培养与考核，把各方面优秀干部及时发现出来、合理使用起来，要坚持把干部的德放在首要位置，选拔任用那些政治坚定、有真才实学、成绩突出、群众公认的干部，要坚持凭实绩使用干部，让能干事者有机会、干成事者有舞台，这样不仅有利于创造良好的工作环境，而且对提高教务管理人员的工作效率也大有裨益，形成一支保证教务管理高效运作、和谐发展的教务队伍。

二、引入激励机制，建立完善的管理机制

对教务管理队伍应该制定和完善岗位制、目标管理制及资格审核

以及各种工作规范，其目的是调动教务管理人员的工作积极性，推动教务工作的发展。

一要建立严格的岗位责任制，明确岗位目标任务职责，通过检查督促推进教务管理人员认真履行职责，执行规范，完成目标。

二要建立健全教务管理工作质量考核评价制度，从德、能、勤、绩四个方面进行定性与定量相结合的考核评价，并将考核结果与奖惩、晋升、聘用、评定职称挂钩。

三要建立健全竞争上岗机制，为教务管理人员创造一个公平、公正、公开的竞争舞台和发展机遇。通过开展教务管理人员之间的岗位争优活动，奖优罚劣，优上劣下，提高队伍整体素质。加强对教务管理队伍的考核管理，保持教务管理队伍的稳定，使教务管理人员能够在岗位上稳定高效地发挥作用，成为保证学校教学质量的中坚力量。

三、以培训为抓手培育教务管理队伍

为进一步提高教务管理队伍业务素质和教学管理水平，应转变、更新管理理念、管理技术和管理能力。要把教务管理队伍的培养纳入学校师资培养计划，开展对教务工作者的在岗继续教育和培训。强化政治思想教育和职业道德教育，不断增强教务管理人员对做好教务工作的责任感和服务的意识。

四、教务管理人员要加强学习，努力提升自身素质

1. 要具备较高的政治思想素质和职业道德素质

教务管理人员的思想觉悟和职业道德素质，对提高教务管理工作、形成良好的校风有直接的影响。要培养"干一行、爱一行、敬一行、专一行"的敬业精神，要热爱教学管理工作，并具有高度的责任感、

事业心和无私奉献、执着追求的精神。如每学期期末，是教务工作最繁忙的时候，布置下学期的教学任务，安排考场，印刷装订试卷，学生成绩的填报等，这就要求教务管理人员不论任务多少、时间早晚，都不能计较个人得失，不能讲代价、讲报酬，而应全身心地投入到工作之中，保质保量地完成各项任务。这是做好教务管理工作的先决条件，也是一个合格的教务管理者所应具备的基本素质。

2. 要培养良好的心理素质、和谐的人际关系

从教务工作的职责看，需要处理大量的常规性事务，在工作中常遇到困难，甚至出现吃力不讨好，工作辛苦不被人理解，甚至遭人误解的情况，这就需要教务管理人员修炼一颗平常心。教务管理人员的工作既要与各年级师生联系，又要与学校教务处联系，如果没有和谐的人际关系，不善于协调关系，工作就会出现问题。和谐的气氛能拉近人与人之间的心理距离，从而提高工作效率。因此，良好的心理素质及和谐的人际关系是教务工作的基础。

3. 要具备教务和文秘技术素质

教务管理人员在教学管理中起着上传下达的作用。首先要了解上级教育方针政策以及教学计划、培养目标，吃透精神，明确方向。同时加强计算机技术、现代化管理手段的学习和应用。现代化管理手段在各小学的教学及教学管理工作中已经普及，教务管理人员要加强学习，提高信息意识，认真参加计算机知识、网络知识、教务管理软件的培训和学习。

第二节　教务管理工作规范化

教务管理，是教学计划实施过程中的常规管理，是在既定的教育

方针和学校制定的教学管理规章制度指导下，运用相应的管理手段，通过组织、指导和协调与教学有关的各方面人员的活动，以高效率、高质量地完成各项教学任务为目标，最后实现专业人才的培养。

一、教务管理工作的特点

1. 政策性。教务管理过程就是贯彻执行政策的过程，它的实施必须要做到有法可依，有章可循。大到国家的方针政策，小到学校的教学管理制度，管理人员必须通过不断地学习来加强自身的政策修养，能对新颁发的政策有较强的接收和领悟能力，才能较好地实施与贯彻。

2. 有序性。教务管理工作是一个多序列、多层次、多因素的动态过程，具有鲜明的周期性和极强的时间性等特点，其每一个环节，每一阶段，都有一定的程序和规律，讲究的是计划性和有序性，否则教学秩序就难以稳定。

3. 连续性。教务管理具有流程性强及循序渐进的特点，教务管理在每个阶段、每个环节的工作主线大致相同，虽然其间必然伴随着新情况、新问题的出现，但可依据教务工作流程表按时展开，其管理工作须连续进行，不可中断，不可脱节，放松对任何阶段或环节的管理都将影响到后续工作的进程。

4. 综合复杂性。教务工作涉及面广泛，内容复杂，涉及到课程表的编排、校内校外各项考试的组织、学籍工作、教学质量运行监控、教材发放、学生观摩活动安排等等，从对领导决策的领会到具体工作的执行，都是通过教务管理人员这个"中介"来组织实现的。教务管理工作的这一特点需要管理人员不时地联系左右、沟通内外，才能保持工作的顺畅。

二、教务管理规范化建议

1. 合理分工、职责明确是建立规范化工作的基础。整个教务管理工作除了要有健全的管理环节，即围绕教务管理工作的总目标，从制订计划、组织实施、检查指导、经验总结等环节展开，构成一个有序、封闭的管理机制外，在具体的工作中，依据各项工作的目标要求和质量标准，健全教务管理岗位责任制，明晰管理层次，把握分工合理、职责目标明确，这样才能工作到位。

2. 适当的考核激励措施是教务管理规范化建设的动力。对业务水平高、工作业绩突出的人员进行奖励晋升，这样才能激发他们的使命感和责任感，能够真正留住人、用好人。同时，也是教务管理工作者在精神上获得的一种事业成就感，从而在工作中形成强大的精神动力。教务处可以定期开展教务管理评优竞赛活动，通过评选优秀教务管理人员，为教务管理选拔优秀的干部，并且建立健全工作质量考核评价制度，将考核结果与奖惩、聘用挂钩，激励教务工作人员更努力地工作。

3. 提高教务管理效率是教务管理规范化的关键。提到管理效率，讲究的是管理技巧，在整个教务管理过程中，不是简单的流程操作，而是要适时发挥对人、对事、对时间的管理艺术。熟悉教务管理的内容、要求、流程、步骤，按照教学规律，科学合理地支配时间，根据事情的主次，抓住重点，有计划、有步骤、有组织地开展工作，提高工作效率。首先，需要具备一定的教务管理工作程序。最佳教务管理工作程序是指能提高教务管理效率的具体教务管理工作步骤。所谓程序化，就是把教务管理看做是一个既相对独立又相互联系的有机统一的管理系统，做到在管理工作中环环相扣，有序运转。其次，要理清工作思路，强化时效意识。现代教务管理要加快工作节奏，提高办事效率。提倡计划性，防止盲目性；提倡超前观念，反对"拖、懒、散"；提倡轻重缓急有序，反对眉毛胡子一把抓。

4. 完善相应的教务管理制度是教务管理规范化的保障。教务管理是常规化管理，需要管理制度和实施细则来规范。教务管理制度建设的关键是规范性、科学性、标准的确立和执行力。"有章、有法、有序"是现代管理积极追求的目标。制定和完善教务管理制度必须围绕教务管理具体工作目标，确定管理环节，最后制定出一套切实可行的管理制度。这样既明确了各教务管理岗位的工作职责与范围，又提高了教务管理的透明度，便于师生监督教务管理工作，进而提升教务管理的规范化水平。同时，教务管理的各个环节都处于动态的变化中，不断有新情况出现，因此还要结合实际情况对制度中不合实际的部分进行及时补充和完善。有了规范化的制度，管理的规范化才会显现。

总之，教务管理在学校管理中处于重要地位，起着承上启下、联系左右、沟通内外的作用，它涉及面广泛，千头万绪，内容复杂，需要教务管理人员深入钻研业务，在熟练掌握教务管理基本技能和方法的基础上有效做到管理规范化、过程规范化、结果规范化，进而有力地促进教务管理的有序开展，为学校教学秩序的稳定和教学质量的提升作保障。

第三节　教务管理工作中的沟通方式及技巧

一、教务工作沟通方式

教务工作沟通方式可分为正面沟通、书面沟通、非正式沟通、会议沟通、媒介沟通五大类。

1. 正面沟通

正面沟通在教务管理工作中运用最广，为一般化、经常性的沟通交流方式，指教务管理人员与沟通客体通过面对面的言语交流达到传递信息、协商事务的目的，不涉及环境的设置、媒介的传递等。正面沟通实效性强、反馈迅速、目的明确，涉及与领导沟通、与教师沟通、与学生沟通三大对象群体。针对不同沟通对象的特点应采取与之相适应的沟通策略。与领导沟通应用语正式、要点清晰、重点突出，主要起到汇报工作情况和上传民意的作用。对于领导提出的工作建议和工作要求，一般应即刻接受，高效执行。和教师正面沟通应在和谐平等的沟通氛围下，既能坚持原则，有理有据地向教师说明决策的政策依据，又能在政策允许的范围内根据教师要求小范围调整，促使教师积极配合教务工作，保证工作高效开展。与学生正面沟通应语气温和，关心主动，营造出轻松的沟通氛围，缓解学生的紧张情绪，避免言语粗暴，态度冷漠。

2. 书面沟通

教务管理工作中的书面沟通包括两种形式。一是各式行政公文的写作，如通知、计划书、报告、总结等；二是为领导起草文书及提供参考意见，如会议报告、会议记录、调研报告、讲话稿等。教务书面沟通规范性、约束力强，具有不可抗性。书面沟通对公文写作知识和文字功底要求较高，教务管理人员若想格式正确、用语规范、准确无误地完成公告、公文，则必然具备较强的行政综合管理素质，同时具有敏锐的信息处理能力，能够迅速把握信息之间的逻辑关系，并能抽取中心主题以书面形式报予领导。只有这样，才能胜任教务管理中书面沟通的两项主要工作。

3．非正式沟通

"非正式"沟通和"正式"沟通相呼应，指教务工作人员与沟通对象在茶余饭后、旅行游玩等非工作时间段内的沟通交流。一般是气氛融洽、重视情感的交流和常规性的解释说明。往往在非正式场合下，比较容易获取真实的反馈信息，建立互信互助的良好合作关系，工作容易达到润物细无声的效果。

4．会议沟通

教务会议通常指教务部门针对某一阶段的工作任务、工作计划召开的各类会议。教务管理人员在会议中依据不同职能承担不同工作任务，如会前组织、会议主持、会议记录等。教务会议沟通能够在短时间内集合个体成员的意见，达到明确工作任务、了解工作进展、交流工作经验的效果。如由教务处组织的教学工作例会，在会上，一方面指导各教研组开展各项教研活动，另一方面解决教学过程中发现的问题，布置下一阶段的主要工作任务，一般由教务处长主持，教务处相关人员和各教研组长参加会议。

5．媒介沟通

教务媒介沟通即工作人员通过电话、传真、通讯网络、数据库等信息传播媒介，实现与沟通对象的即时交流。媒介沟通可实现对工作项目实时的监控与修正，有利于创造性地开展工作，减少了重复性劳动。教务媒介沟通有电话沟通和网络沟通两种方式。电话沟通在工作中使用最为频繁，使用时应注意措辞准确、阐述事件明确、态度彬彬有礼，同时应避免在对方态度不佳时交流沟通。网络沟通的普及是教务管理信息化办公的必然趋势。教务管理运用以计算机为代表的现代电子技术及相关的硬件和软件设备来进行具体日常操作，运用各种在线和移动的网络聊天工具，如邮件、MSN、飞信等。而开发出针对教务工作项目管理的数据库，是创新管理方式、深化沟通力度、实现教务数据共享的有效之举。

二、教务工作沟通技巧

教务工作沟通技巧建立在沟通过程基础上。教务沟通过程经历了工作者表述—听众接收—反馈交流三个阶段。每一阶段都可运用交流技巧、倾听技巧和信息反馈技巧提升沟通效果。

1. 交流技巧

首先，在交流过程中应明确沟通目的，设定目标达成效果。究竟是让对方了解教学政策，还是解释关于调停课、放假安排等原则性规则不可逾越，还是希望能得到沟通者配合工作等。目标的设定能使双方有效把握沟通的节奏和中心点，始终围绕事件开展交流，避免时间浪费、话题转移、扯皮闲聊等不良沟通情况发生。

其次，交流过程中应有明晰的角色概念，清楚自身与交流对象之间的关系，在此基础上选择交流方式和语气态度。与领导之间是上下级关系，交流主要是汇报工作、征询意见和接受最新教务工作任务。语气应在敬重中带着不卑不亢的沉稳，同时，言语简洁明了，条理清晰。与教师和其他行政部门工作人员是职务平行关系，交流主要是为了解释工作任务，化解工作误会，寻求工作支持。交流氛围应和谐愉悦，在不违反原则的情况下尽量求同存异。与学生之间为管理与被管理关系，交流多为释疑、录入信息等常规性工作，应本着耐心与关怀之心令学生感觉亲切、平易近人。

最后，与沟通对象的交流应存有同理心和换位思考意识，应本着对教务管理工作的责任心和对交流对象的理解赋予教务沟通工作情感亲和力。如领导情绪不佳时，应另选时间汇报工作，或少说多做；教师或其他部门人员推诿工作时，能清楚原因，体谅对方心情，非急迫任务可择日再沟通；如若任务紧急，则应在理解的基础上言语真诚地说清情况，一般可获得对方理解和配合；学生如在信息录入或成绩登记时有特殊请求，应在切实理解学生难处的基础上从有益于学生的角度说明政策不可逾越的原因，并能提供一定的参考建议。

2. 倾听技巧

教务管理工作中的"倾听"为教务人员接受沟通者回应信息的反应和理解过程。在教务工作沟通过程中，管理人员首先需能通过"倾听"了解对方说话的中心内容，忽略不重要的信息和话语。特别是在非正式场合沟通或与学生沟通时，交谈言语中往往夹杂大量无关紧要的言辞，甚至跑题。此时教务工作者应去粗取精，分辨主要信息，并引导谈话及时重回主题轨道。

在了解沟通者言语主要内容的基础上，更进一步应在"倾听"中听出对方的言外之意。不少领导在布置任务时往往提纲挈领，说出总体任务，如"制订教学工作计划、做好教师考勤统计"等，简单交代注意事项即要求操办；有些教师与学生在说明个人要求时也含含糊糊，话外音甚浓。此时，教务管理人员应能借助个人经验、工作惯例、对方习惯等因素"听"出言外之意，正确揣摩对方意图再行工作。

3. 信息反馈技巧

教务管理工作中的"反馈"多为信息、结果的回应和问题的解答。通常经过反馈后，大到一项工作任务，小到一个咨询问题，都已基本处于任务完成状态。因此，反馈被视为教务工作沟通过程中最后一个环节。

首先，应根据沟通对象、任务缓急、过程繁简程度等选择合适的反馈方式。如能对教务工作任务立即回应与作答的，称为即时反馈；如工作任务需经过论证、总结、修正才能回应，称为延迟反馈。反馈方式的选择有助于厘清工作的轻重缓急，提高工作效率。

其次，反馈信息应观点明确，有理有据，结论清晰。因反馈往往作为最后的环节以告知的形式出现，沟通对象更希望听到明确的结论表述，以明确工作任务状态，究竟是已告一段落，还是需进一步改进。

伴随着教务管理工作的日益复杂化，教务沟通作用也日渐明显。教务管理人员只有通过实践，不断在方式上创新、技巧上提升，才能开创性地开展教务工作，为学校发展创造健康、和谐的教学环境。

第十一讲 建立系统化的教务工作考评制度

第一节 建立教师教学质量学期考评制度

教学工作是学校的中心工作，教学质量是学校教育质量的核心。教师的教学质量直接影响学生的成长质量，建立教师教学质量考评制度，评价教师的教学质量，促进教学质量不断提高，是全面提高学生成长质量的根本保证。

一、教师教学质量评价的主要内容

以课堂教学、实践教学为主，包括教风师德、教学态度、教学能力、教学内容、教学方法、教学效果等。

二、考评目的

通过科学严谨的教学质量考核，对教师教学质量及水平给予合理的阶段性评价，从而获得全面、综合的教学质量信息，为教学管理和教师教学效果提供第一手资料，不断提高教学质量，产生正确的导向和激励作用，进一步调动教师投入教学工作的积极性，促进教学内容更新和教学方法改革。

三、考评原则

教师教学质量考评是教学实施过程中一个重要环节，对于落实教学任务、实现教学目的、确保教学质量，具有重要作用。在考评中，应始终坚持以"以评促建，以评促改，以评促管，评建结合，重在建设"的方针为指导，抓住重点，边评边改，防止考核过程中的形式主义。通过考核，全面推进教学改革，促进各项工作的规范化管理，使人才培养工作迈上一个新水平。

教师教学质量考评的基本原则是人才培养目标原则、教学规范管理原则、教学相长原则。人才培养目标原则，是教师教学质量考评的根本原则，是指在教学中树立学生的主体地位，因材施教，针对学生的学习态度及学习能力，结合人才培养目标，不断改进教学方法，采用符合学生实际的教学手段以实现教学目的。教学规范管理原则，是指以各项教学规章制度为准则，充分发挥教学管理部门的职能，加强教学过程监控、教学水平评价和教学效果的检查。教学相长原则，是指发挥教研室的职能，通过对各门学科的教学研究，促进广大教师相互学习，取长补短，不断提高教学水平。

四、教师教学质量评价不仅要看效果，而且要看效率

评价教师的教学质量，一是要看效果，即教师在教学中主导作用发挥得如何，是否充分调动了学生学习的积极性，学生掌握的知识是否牢固，能力的提高是否明显等。二是要看效率，类似生产中的投入产出比。教师教学质量的提高，学生某学科知识能力的增长，不应以加重学生负担、牺牲其他学科时间为代价，应该在教学大纲、教学计划规定的时间内保证其教学的质与量。

有的教师不是通过提高课堂效率、充分利用课堂的 40 分钟去提升学生的学习成绩和能力，而是秉承"铁杵磨成针"的理念，把许多东西压在学生的课后作业上。有的小学生一科作业，花费两个小时还写不完，学生苦不堪言可又无可奈何。教师这样做似乎很负责任，家长

私下里也感觉放心和欣慰。其实不然，这实际上是教师把自己应承担的责任和压力变相转嫁给了学生，自己课上轻松，课下也轻松；而学生却是课上不轻松，课后更不轻松。这样做的结果可能使一部分学生的成绩上去了，但另一部分学生却走向反面，对学习失去了兴趣，甚至产生逆反心理，视所有学科学习时间为包袱，造成"殃及池鱼"的局面。这种以牺牲学生身心健康和其他课程学习为代价的教学"质量"无论多么突出也不能算是高效率的。相比之下，有的教师通过采取灵活有效的教学方法，在有限的时间内，使学生积极、主动、灵活、高效地掌握了教学内容，身心得到健康发展，这无疑是当今素质教育所倡导的。因此，评价教师的教学质量，不仅要看其效果，更要看效率。而且大多时候，效率比效果更重要。

五、教师教学质量评价的复杂性与政策性

教师教学质量评价是一项十分重要而严肃的工作。因为每位教师非常关心自己的劳动成果，希望对自己的教学质量作出客观公正的评价，使自己劳动成果的价值得到认可。因此，对教师教学质量的公正评价，是充分调动教师的积极性、提高教学质量的重要手段。

但是，对教师教学质量真正做到客观公正的评价，也不是轻而易举的事。这里不仅涉及到对教学质量评价意义的认识、内容范围的界定、科学的评价指标体系的建立、评价标准的确定及不同学科指标的可比性问题，而且涉及到评价者的水平和评价技术、方法的科学性问题。综合评价教师的教学质量不仅要考虑教师的素质、教学过程、教学效果，而且还要考虑学生群体德智体全面发展的水平。而学生发展水平又是多个教师及学校多方面的工作共同作用的结果。所以其评价指标体系是若干复杂因素群交互作用的统一体。其复杂性是显而易见的。

教学评价结果涉及到教师自身价值以及他所期望的社会价值能否取得确认的问题，所以教师教学质量评价就成了一个比较敏感的问题，这本身就使其政策性要求很强，也使其客观性、科学性要求很高。否则，不仅不能调动教师的积极性，充分发挥评价的导向、激励功能，反而会挫伤教师的积极性。因此，教务处要进行教师教学质量评价，就应当尽量在指标设置、评价标准的确定、技术方法的使用、评价主体的水平要求和评价过程的把握上做到科学和尽可能的全面，这样才能使评价结果可靠。此外，不宜强化评价结果的分类鉴定功能，只是要尽量发挥其改进工作的作用，让教师自己从不同角度了解评价结果并为其改进教学工作提供参考，而不将其存档作为评职晋级的依据。

六、教师教学质量评价中容易出现的偏失

1. 评价标准受"片面追求升学率"思想影响的问题

由于长期以来片面追求升学率，虽然素质教育的口号上上下下宣传很多，但是在人们的头脑中升学率仍是头等重要的。教务处在评价教师教学质量时，仍只注意学生的升学率。这种导向就使得许多学校和教师把注意力集中在升学有望的部分学生身上，而对学习困难的学生很少有人愿意花时间去管，最后造成这部分学生自卑、厌学、流失，这是教育的失误。为此，评价教师教学质量，必须找回评价标准上的偏失。评价标准的确定又直接受人们教育思想、教育观念、价值观念的影响。因此，素质教育思想、教育观念的转变乃是确定科学评价标准的根本保证。

2. 评价指标体系庞杂繁琐的问题

评价指标体系是由反映目标的一群指标和各指标在构成目标时的相对重要程度（权重）构成的，质与量是统一的、整体的、多维的系

统，要求各项指标的集合能充分代表目标。因此，在制订评价指标体系时，有的教务处觉得凡是能反映目标的项目就要一项不漏地搜集到体系中来，唯恐有遗漏，而使指标体系庞杂而无重点。然而，制订指标体系是不可能把所有反映目标的内容都一项不漏地放进来的。编制指标体系时所要遵循的全面性原则，也只是要求主要方面不能丢，指标体系反应的只是评价对象的有代表性的典型行为，而不是全部行为。典型行为的集合就构成了目标的有代表性样本，这就足以反映评价对象在目标上的发展水平。反之，如果指标体系很杂，主次不分，反而容易使典型行为指标不突出，而次要行为的指标分值在里边充当了"填沟"或"削峰"的作用，致使好的教师评价分值不太高，差的教师评价分值也不太低，结果出现不同教师总体评价分值相差不太大的不合理现象。

3. 评价结论的科学性问题

评价是评价者依据某些标准对评价对象的某方面属性的价值作出判断的过程，一旦得出评价结果，便是对评价对象某方面属性的价值高低得出结论。评价结论无论是定性的还是定量的，如果和实际相符合，那么这种评价结论是客观的、可靠的，无论用于指导工作，还是用于鉴别、比较，都会使人心悦诚服，教育评价的功能也自然会发挥出来，但是评价结论若全凭主观经验或表面现象得出，就不免要犯错误。

七、教师教学质量评价的改进策略

1. 加强对评教工作的重视和领导，明确教学质量评价的目的

小学教师教学质量评价工作开展的状况在很大程度上取决于领导的重视程度。教师教学质量评价的根本目的是提高教师的教学质量，满

足初等教育培养优秀人才的需要，满足社会对人才的需求。具体来说，通过教师教学质量评价，要达到如下目标：一是切实提高学校的教学质量；二是帮助教师改进工作，谋求发展；三是提高教师管理的效率，为日常教师管理工作提供依据。

2. 不断修正和完善教学质量评价指标

评价标准的制订是一项基础工作，应该随着教学环境条件和教学实践的变化而改变、改善，做到以人为本，有章可循。在修改和完善教育评价标准的过程中，应吸收各有关方面的人员（领导，教师，督导团成员，家长，学生）参加，广泛征求各方面的意见和建议，使评价标准的修正实现经常化、制度化，使评价标准定量定性，尽量排除人为因素的影响。

3. 加强对学生评教工作的组织和引导

以学生为主实施对教师的教学质量的综合评价是一种必然趋势。在学生评教的过程中，积极开展诚信教育活动，加强对参评学生的组织和教育，使学生重视评教工作，客观、公正、认真地对教师进行综合评价，尽量避免学生评教出现的问题，不断提高评价的效果和效率。应统一安排地点和时间，由教师亲自指导，集中对参评教师进行评价，从而保证学生评教的参与程度和评价结果的有效性。

4. 改善听课评教制度

同行教师和专业领导参与对教师教学质量的评价是提高评价效果的有效保证，也是评教工作实现公平、公正的必要条件。应尽可能地选择责任心强、专业技能高、重视教学工作的教师或领导参加听课评教，参加后通过会议讨论，集中各位听课人员的意见，对听课中有异议的教师，坚持以人为本，应展开讨论或重新组织对有异议的教师听课，客观反映并统一大家的意见，杜绝领导搞一言堂，使评价工作更接近于实际情况，保证评价工作的有效性。

5. 建立良性的反馈机制，确保评教的公开、公平、公正

参与听课的同行教师和专业领导以及各级督导听课的教师应该及时与教师进行交流，提出建议和意见供教师参考。在评教的过程中应该体现公平、公正的原则，将分数公布出来，帮助教师从评价结果中寻找自身的薄弱环节加以改进，不断总结教学经验，从而达到充分调动广大教师积极投身教学改革、努力提高教学质量的目的。

总之，教学质量评价在教学过程中发挥着重要而又积极的作用，已成为教务工作的重要环节和有机组成部分。但它自身的质量和水平也必须不断提高，没有充分发挥积极作用的教学质量评价不但无益于教学质量的提高，还会造成有害的影响。

【附录1】

教学质量评估量化计分办法（节选）

一级指标	二级指标	考核要点及评分
一、计划总结材料（10分）	1. 教学计划（2分）	有学生情况分析、教学目标、教材分析、教学安排措施。
	2. 教学总结（2分）	有基本情况、及格率、优秀率、成功与不足。每缺一项扣0.5分。
	3. 各项材料上交（6分）	教学计划、教学总结、实习计划、实习总结、考试试卷、学生成绩、学生档案、实验实习报告、实验室总结、实验通知单、"第二课堂活动"计划、总结、成绩等完整及时上交。每缺一项扣0.5分。
二、备课阅卷（23分）	4. 备课（14分）	期初检查，有记2分，无记0分；期中、期末检查优等6分/次、良5分/次、中4分/次、差2分/次。
	5. 阅卷（9分）	期初检查，有记1分，无记0分。期中、期末检查优等4分/次、良3分/次、中2分/次、差1分/次。

【附录2】

评价标准		教师姓名					
		科目					
1. 教书育人	关心爱护学生，尊重学生人格，上课及辅导时间在教室、实验室无抽烟、接打电话现象。						
2. 教学态度	上课无迟到早退现象，不随意调课和无故缺课，教学严谨，认真负责。						
3. 教学用语	能使用普通话授课，语言规范、清晰、准确，无粗话、脏话现象。						
4. 教学手段	能经常利用教具、挂图或现代教育技术手段进行教学，课件形象生动。						
5. 教学方法	方法多样，能发挥学生主观能动性，课堂生动活泼，讲课通俗易懂，学生易于接受。						
6. 组织教学	坚持上课考勤，能掌控课堂动态，对违纪学生能及时制止和提醒，能有效组织学生学习。						
7. 学法指导	能根据学科特点适时对学生进行学法指导，坚持帮助学生端正学习态度，树立信心，培养学习兴趣。						
8. 自习辅导	能有效地组织学生上好自习，自习纪律良好，无学生旷课，坚持集中辅导和个别辅导相结合。						
9. 作业批改	作业量适当（至少每两节课布置一次作业），全批全改，批改及时，经常讲评。						
10. 教学效果	通过认真听讲，能听懂教师的讲授，能掌握基本知识和基本技能。						
综合评价	综合评分是对十个项目评价等级换算得分的总和。A 等：10 分；B 等：6 分；C 等：2.5 分。						

第二节　建立班主任工作学期考核制度

学校的管理者都十分重视班主任工作，注重对班主任工作的考核与评价，借以调动班主任工作的积极性、主动性和创造性，提高班主任的工作能力。

一、指导思想

班主任是教育教学活动的直接组织者和领导者。班主任对于培养人才、做好德育工作起着主导作用，为了更进一步地加强和改善德育工作，提高和发展班主任的素质能力，促进学生教育管理工作，教务处应实施班主任考核制度。考核制度旨在推进班主任队伍建设，以日常考核、专项考核、每学期考核相结合的形式进行。学期结束公布考核成绩，为评选优秀班主任打基础，并依据考核成绩，最终评选最高分者为优秀班主任。

二、考核目的

为了贯彻落实班主任工作的政策、法规要求，增强班主任工作的计划性、有序性、科学性，及时总结班主任工作的典型经验和存在问题，并为教师工作的全面评定和奖惩提供可靠依据，从而激励教师努力做好班主任工作，建设一支重事业、讲实效、有活力和创新精神的教育工作队伍。

三、考核依据

班主任工作考评其数量考核的理论基础是劳动价值论，政策依据是教育部《中小学班主任工作规定》，质量考评指标体系主要是依据党和国家关于班主任工作的政策、法规要求，以及班主任工作的理论成果和成功经验，结合班主任工作常规和小学班主任工作的实际情况制定。

四、班主任工作考核的意义

班级是现代学校教育最基本的组织形式，班主任是班级的建设者、领导者、管理者和教育者，肩负着管理、教育和指导班集体的重任。班主任工作评价就是按照一定的评价标准对班主任工作的开展状况及其效果进行价值判断。班主任工作考核的意义在于：

（一）有利于促进学校教育教学质量与管理水平的提高

学校所进行的一切教育教学活动都直接或间接地经由班级这一组织形式开展。学校教育教学计划和教学改革，教务处有关学生教育和生活方面的指示和要求，团、少先队组织开展的各项活动等，一般都通过班级或以班级为单位组织开展，而这些都需要班主任工作来实施。班主任工作是学校全部工作的缩影，其质量高低直接影响和决定了学校工作质量的高低，决定了学校各项工作能否得以顺利展开。

（二）有利于促进班级管理效能的提高

班主任在班级管理中起着导向作用。班主任要根据学校管理的任务和要求，制订班级目标和发展规划，提出管理措施，对学生进行教育、管理，协调学生与学生、学生与任课教师之间的关系，形成和谐的人际氛围。通过班主任工作评价，一方面要肯定班主任的成绩，另一方面，及时发现班级管理中存在的问题，明确改进的方向和应采取的措施和对策，督促班主任沿着正确的方向建设班级，从而不断提高和进步，提高班级管理效能。

（三）有助于促进学校德育工作的开展和质量的提升

在整个教育活动中，班级是直接培养人的前沿阵地，班主任是对学生进行优质教育的骨干力量，班主任采用各种形式和途径对学生进行思想品德教育，把握学生的思想动向，有针对性地开展德育工作。

因此，通过班主任工作评价，可使班主任更加明确和规范自己的德育工作，提升德育效果。

（四）有助于调动班主任的工作积极性，促进班主任自身的提高与发展

班主任工作评价的目的是通过对其工作的评价，形成有效激励机制，调动其工作积极性、主动性和创造性。通过评价，使班主任看到自己工作所取得的成绩以及存在的问题和不足，进一步明确以后的努力方向，激励其不断提高自身水平和班级管理水平。

（五）有利于协调班级教育力量，形成教育合力

通过对班主任工作的评价，可以引导、促进班主任协调和利用家庭与社会对学生的影响，使家庭、社会、学校互相配合，各方面教育力量沟通与协商，形成强大的教育合力。

【附录】

某学校班主任工作考核内容

评价指标	基本职责和要求	评分标准	权重	自查	考核小组
班主任工作原则及方法	1. 全面贯彻教育方针，面向全体学生。 2. 德育从实际出发，针对性强，班风较好，集体凝聚力强。 3. 教师应以身作则，言传身教，热爱、尊重与严格要求学生相结合。	1. 班风明显较差扣5分。 2. 班内学生有明显违纪现象（偷窃、打架、损坏公物等）每次扣5分。 3. 教师没有以身作则，不尊重、不热爱学生者扣5分。	15分		

评价指标	基本职责和要求	评分标准	权重	自查	考核小组
班队活动	1. 每学期初制订切实可行的班队计划。 2. 坚持每月一次班干部会议。 3. 每周召开一次班会或队会。 4. 教室布置美观，按要求认真出好黑板报、学习园地等相关栏目。 5. 积极参加学校重大活动。	1. 无班队计划扣4分。 2. 每月无班干部会议记录每次扣4分。 3. 开班会、队会活动无记载每次扣4分。 4. 黑板报、学习园地不按要求出的每次扣4分。 5. 不参与学校重大活动每次扣4分。	20分		
日常工作	1. 晨检有目的，有记载。未到位学生必须核实，有记载。 2. 早自习统筹安排，落实到位。 3. 培养学生认真做好眼保健操的习惯，做到不讲话，不睁眼。 4. 课间操应该到场督促指导，做到静、齐、快。 5. 每天卫生值日应该提前安排，不拖拉，关好门窗及电灯。	各项不按要求各扣1分，每月25分扣完为止。	25分		
教学管理	1. 经常与任课教师联系，了解学生学习情况。 2. 认真做好"培优辅差"和留守儿童工作。 3. 了解学生课业负担，适时调整，平衡各科负担。	1. 与任课教师不联系扣5分。 2. "培优辅差"和留守儿童工作没有记录的，每次扣5分。（弄虚作假者该项不得分） 3. 不及时了解学生学情扣5分。	15分		

评价指标	基本职责和要求	评分标准	权重	自查	考核小组
体卫安全工作	1. 关心学生身体健康，教育学生坚持体育锻炼。 2. 督促、指导学生两操和体育达标工作。 3. 负责好学校举行的各类活动的会场纪律。 4. 建立班级卫生制度。包干区、教室、个人卫生较好。 5. 及时消除安全隐患，无重大责任事故。	1. 占用体育课上其他课扣1分。 2. 没有指导或督促学生做好两操扣2分。 3. 学校举行活动时，班级纪律较差，每次扣2分。 4. 卫生工作明显较差，室内和清洁区域有垃圾，查实一次扣5分。 5. 有较大责任事故扣5分。	15分		
家校联系	1. 每学期至少家访30%家庭。 2. 配合学校开好家长会。 3. 认真填写达标手册和学生学籍卡。	1. 家访未达30%扣3分。（弄虚作假者此项不得分） 2. 没配合学校做好有关工作扣3分。 3. 达标手册和学生学籍卡少填或不认真填写扣4分。	10分		
获奖情况	积极组织学生参加各级各类比赛。	1. 国家级一等奖加7分。 2. 国家级二等奖、省级一等奖加6分。 3. 国家级三等奖、省级二等奖、市级一等奖加5分。 4. 省级三等奖、市级二等奖、区级一等奖加4分。 5. 市级三等奖、区级二等奖、乡级一等奖加3分。 6. 区级三等奖、乡级二等奖加2分。 7. 乡级三等奖加1分。 8. 学校自评比赛第一名的加1分。	10分		

评价指标	基本职责和要求	评分标准	权重	自查	考核小组
好人好事	教导学生积极做好人好事	1. 学校提出表扬的每次加1分。 2. 社会相关组织提出表扬的每次加2分。			

第三节　定期评选优秀班级及个人

一、"优生"不优的现状和成因

（一）现状

优生群体倍受老师的重视，优秀成绩产生的晕轮效应，让教育工作者很难发现或者忽略了他们在其他方面表现出来的缺点与不足。所谓的"优生"，出现"不优"的现状主要有以下几个方面。

1. 缺少责任心

"优生"成绩优秀，高分让他们充满优越感，这些学生认为只要有好的成绩就能获得别人的认可、赞许。除了学习之外的事情，他们一般不愿过问。在群体中他们缺少主人翁意识，不愿意参与集体活动，也不愿意承担个人在集体中应尽的责任。平时"优生"违反纪律或者犯其他小错误，老师家长大多喜欢"忽略不计"，这种宽容让"优生"形成一种不习惯为自己的言行承担责任的心理，在犯错误时总喜欢推卸责任。

2. 缺少感恩心

"优生"学习成绩优异，在学习过程中一般会得到更多表现的机会，对于自己获得的荣誉和成绩，他们往往归因于自己的聪明，对于家长和老师的付出，他们往往会漠视或者说家长与老师的付出是理所应当的，缺乏感恩之心。通常学习好的学生总爱抱怨父母只关心自己的学习，根本不去想父母为子女付出了多少艰辛。

3．缺少面对挫折的平常心

"优生"通常因为优秀的成绩而较多地获得家长的称赞、老师的表扬、同学的羡慕。他们比一般学生获得了更多的成功体验。优越的环境使得他们觉得自己天生就应是一帆风顺的，很少有失败的体验，这样一旦遇到挫折，他们就不能正确地归因，不能冷静地处理，不能以平常心面对。遇到一点点小的失败就不能承受，受到一点点批评就无法接受，同学之间的一点点矛盾就不可调解。

（二）成因

1．学生自身的原因

（1）高分"优生"对自身定位不准

"优生"只看到自己学习成绩优秀的一面，高分让他们获得了成功的体验，追求高分成了他们的目标与理想，一张张奖状、一次次表扬，让他们觉得自己十分完美。这样"优生"觉得自己总比其他的同学高出一筹，他们不愿意思考自己学习之外的思想是否高尚、是否健康。

（2）高分"优生"对出现的问题归因不准

小学生因为自身认识水平的限制，在对问题的归因上会有所偏差，尤其是充满优越感的所谓的高分好学生，他们往往对于出现的问题，不会从自己身上寻找原因，而是将问题的原因归结于他人或者外在的客观条件。这样就很难找出问题的症结，很难达到全面提高自己的素质，最终只能是得高分而不优秀。

2．社会和家庭的原因

（1）家长的期望值过高

当前，大多数学生都是独生子女，有几代人关心照顾，他们被视为掌上明珠。在子女的教育方面，家长会集中一切力量为子女学习开绿灯。在家长眼中学习好、考试分数高的孩子就是好孩子，将来就会有出息。家长的期望有意无意地引导了孩子的价值判断，认为高分是最核心的，只要分数高、成绩好、满足了家长的期望，其他方面则是可有可无的，这样容易使得高分的"优生"在其他方面产生严重的缺陷。

（2）社会选拔过程中考试方式的刺激

当今社会竞争越来越激烈，各种选拔都离不开考试，分数的高低往往决定能否顺利进入自己理想的单位。公务员选拔要考试，事业机关招聘要考试，职称晋升要考试，以考试为主的选拔、评定方式直接刺激高分"优生"对分数的重视，对分数之外其他方面的素质与能力的忽视。

二、优秀学生培养策略

针对现状进行分析而形成的原因，有助于我们找到最佳的教育方式，让"优生"经过教育后，成为全面发展的好学生，成为真正的优生。

1. 利用从众心理，培养集体意识，形成团队精神，提高责任心。教师应努力创设平等的环境，让"优生"犯错时勇于承担责任。学生没有责任心，往往表现为没有集体意识，过分看重自己某方面的能力。教师在教育学生的过程中，尽可能地为学生创设一个为集体奋斗的大目标，让学生能在实现自己目标的同时实现班级的大目标。

2. 挖掘传统文化，宣传感恩事例，举行感恩活动，让"优生"有颗感恩的心。要求教师在教育过程应积极挖掘传统文化中关于"孝"和"礼"方面的内涵，让学生接受传统文化的熏陶。我们的民族向来是尊师重教、孝敬父母的，古人拜师要磕响头、子女早晚要向父母请安，这些今天虽然不必要，但这中间饱含的感恩之心值得今天的学生，尤其值得"优生"学习。试想今天有多少学生走出校门就不知道自己老师的姓名，有多少所谓的高分"优生"在抱怨父母不理解他们、抱怨父母只知道让他们好好读书，有多少人能明白那颗为子女日夜操劳的父母心呢？

3. 用关爱之心，发现错误情境，帮学生找错，让学生提高承受挫折的能力。教师应该带着关爱之心，积极为"优生"寻找犯错误的事例，抓住批评"优生"的机会，帮助学生提高心理素质。"优生"平时出现一些小问题，老师也习惯"忽略"，而他们自己也往往放松对自己的要求，在学生中间"优生"出现搬弄是非、自修课旁若无人的吵闹等也会成为偶然中的必然。教师可以抓住这些小问题，杀杀"优生"的威风，让他们能获得更多体验挫折的机会，感受挫折。"人无完人"，教师和家长要努力为"优生"创设挫折情境，在"完美"中为他们寻找逆境。

三、优秀学生评选

《基础教育课程改革纲要》指出："建立促进学生全面发展的评价体系。评价不仅要关注学生的学业成绩，而且要发现和发展学生的多方面潜能，了解学生发展中的需求，帮助学生认识自我，建立自信。发挥评价的教育功能，促进学生在原有水平上的发展。"教育的质量应该是多元化、多角度、多层次的，教育评价自然也不能是单一的、独断的，学生生动活泼的个性应该得到客观公正的评价。

（一）评选应遵循的原则

一是目的性，即由往日的综合走向单一。"优秀学生"要求各方面表现突出，而今树立榜样时，应看重学生多方面的特长，目标树立应该具体可行。

二是层次性，即由往日的单层走向多层。不要把榜样看做是"优秀生"的专利，在关注"优秀生"的同时，还要关注"中等生""学困生"，让各个层次的学生都能成为榜样。

三是交互性，即由往日的定向走向交互，让各层次的学生相互学习，取长补短，平等相待。

（二）评选过程中应注意的问题

一要注重评价内容。要将学生参加学校组织的各项集体活动情况作为重要的评价内容，以培养学生的集体责任感和荣誉感。

二要做到评价内容统筹兼顾。要依据"优秀学生"评选的基本要求，结合校情，将"雏鹰奖章"、"文明学生"等评比活动结合起来，避免"各自为政"，尽量减少重复性评选。

三要让学生有人人参与的评价项目。教师应具有一双"慧眼"，尽量发现学生的闪光点、特长、潜能，大到学校各种荣誉称号的授予，小到班集体的各种奖励，都可以设计到评价体系中。在开学初，由学生根据自己各方面的能力水平，制定一个切实可行的努力目标，作为评价的基础分值，消除学生"反正我也选不上，'优秀学生'评选与我无关"的消极思想。设定的评价目标，要让学生能"跳一跳够得到"。

（三）合理评选

（1）建立科学的评价标准。评选标准既要体现以人为本，以促进学生的健康发展为目标，体现我国的教育精神，适应时代发展特点，也要体现可操作性。无论是体现全面发展的优秀学生奖或者各种单项奖都应如此。从许多学校有关评选优秀学生的标准看，基本体现了现代教育的要求，但也存在不少问题，如条件太高、太抽象，不易把握等。

（2）优秀学生的评选要体现面向大多数学生，相信大多数学生都可以实现全面健康发展，而不应限制于百分比。标准应合理，把握"好"的度，使大多数学生经过努力，都可以达到优秀学生的要求，都可以成为优秀学生。

（3）建立以优秀学生评选为基础，多种个性化单项奖为补充的激励制度。个性化奖项有利于学生个性的充分发展和激发每个学生的自信心，优秀学生奖有利于引导学生克服片面发展，两者相互补充、相互促进，发挥各自的优势，共同实现教育目标。

（4）建立民主、公正、公开的评选程序，发挥学生的主体参与作用，使评选过程成为学生自我教育、自我激励的过程。一项好的制度需要合理的实施程序做保证。优秀学生的评选过程应以学生为评选的主体，教师作为支持者，加以适度引导。

（5）坚持科学评价观。优秀学生的评选是一种评价过程，需要确立科学的评价观。要重视阶段性评价，更要重视发展性评价。实行发展性评价与阶段性评价相结合，定性评价与定量评价相结合，动态评价与静态评价相结合。把过程评价与结果评价、外在评价与内在评价结合起来，使评价成为促进学生健康发展的重要手段，使评价过程成为学生认识自我、肯定自我、发展自我的愉快过程，而不是受伤害的过程。

四、建设优秀班级

（一）严抓常规管理，争做有心人

学生刚踏进学校的第一天，就要带领他们了解校规校纪，让他们知道《小学生日常行为规范》的具体内容，再根据本班特点，制定适当的班规，规范养成教育。让学生明确应该怎样做，为什么这样做；明确自己追求的目标——正直、善良、健康；明白必须要有强烈的责任感，积极向上的合作精神；同时进行组织纪律性教育，从细节、从小处严格管理。具体做法就是要抓好一日常规，让学生明确每个时段该干什么，不该干什么。

（二）建好班委会，形成班集体的核心

可以说，选拔一支团结在班主任周围的班干部队伍是培养一个班集体的重要工程。为了培养这些班干部的能力，教师一方面要给他们创造机会，让他们处理班级工作，自行设计班级活动，大胆发挥班干部的作用；另一方面，通过言传身教教会他们怎样成为一名优秀的班干部并让他们学会自我管理，自我提高，开动脑筋，巧妙地处理班级工作，为同学起到表率作用。

（三）确立班集体的奋斗目标

班集体的奋斗目标是班集体的理想和前进方向，如果没有奋斗目标，这个集体就会失去前进的动力。所以，一个班集体应该有一个结合本班学生思想、学习和生活实际制定出的近期、中期、远期的奋斗目标。让他们实现目标的过程成为自我教育的过程。每一个集体目标的实现，都是全体学生共同努力的结果，让他们分享集体成功的喜悦，从而形成集体的责任感和荣誉感。

（四）班级管理民主化，细致化

有句话说"抓住细微处，落在实效中"，班主任工作要细致入微，才能使班级管理见成效，但在细致管理的基础上还应充分发扬民主。

由此，要学会"用学生管理学生，靠学生监督学生"的管理模式对班级实施管理。在班级首先选出有号召力和影响力的领军人物，由他们根据本班的实际情况把班级的事务一一细化，再根据每个同学自身的性格和特点，让同学们自选或接受班委分配的具体工作。班内每个同学都必须承包一份工作，做到"事事有人做，时时有事做"。自己的职责和同学的监督，约束和规范着同学们的各种行为，渐渐地就形成了良好的行为习惯。例如，从文明礼仪、劳动卫生入手，让学生担任图书管理员、讲台保洁员等促使他们养成良好的日常行为习惯；又如，设预习作业监察员、字帖监察员、日记监察员等，促进学习习惯的养成。

（五）发挥榜样的作用

榜样是优良品德的典范，它是学生思想言行规范要求的物化模式。榜样以具体、生动的形象感染学生，他比说服教育更有影响力和号召力。因此，教师在日常的班级管理中侧重对优秀生的重点栽培，使他们成为班级的骨干力量，成为学生的模仿对象。例如，"班干部轮流制"产生的优秀管理者，各科学习成绩优秀的学生，他们都是学生熟悉的榜样，他们和其他同学年纪相仿，经历基本相同，易被学生接受，也易被学生信服，从而激发其他学生的上进心。

【案例1】

某小学优秀学生评选方案

1. 自觉执行《小学生守则》和《小学生日常行为规范》，在同学中能起模范作用。热心为集体服务，积极参加劳动，尊敬师长，团结同学，遵守社会公德。

2. 热爱学习，成绩优秀，每学期期末考试各科成绩总分排名班级前 10 名。一年级包含语文和数学两门学科；二年级包含语文、数学和品德三门学科；三至六年级包含语文、数学、英语、科学、品德五门学科。（语文、英语和数学考试成绩优秀以上，科学和品德考试成绩良好以上。）

3. 积极主动地参与体育、艺术、信息技术课内外活动。体育考核 80 分以上，艺术、信息技术考核成绩优秀以上；身体健康，有良好的卫生习惯及良好的心理素质。

4. 积极主动地开展班级工作，认真完成老师交办的各项任务，具有一定的语言表达、组织管理、协调合作的能力。班级工作有创新，成绩显著。在师生中获得一致好评。

【案例 2】

某小学优秀班级评选条件

一、班级集体形成好

1. 班委会、团支部、少先队等组织健全，各司其职，能起班主任的助手作用。

2. 班级有较完整的工作计划，并按计划开展工作，各阶段任务明确，有布置、有检查、有评比、有小结。

3. 积极参加学校开展的各项活动，认真执行"规范"。在各项评比中成绩显著。

4. 班风好。同学的衣容风貌整洁，坚持穿好校服，戴好学生卡，同学间团结、友爱，举止文明，互助精神好。

5. 师生关系融洽。

二、学习风气、效果好

1. 出勤好，课堂学习气氛浓，特别是自习课纪律好。

2. 学习效果好，阶段考、半期考、期考及各种考试的优良率、及格率都能达标。

3. 留级生数不超过 2%，不出现非正常留级生。

4. 积极参加课外科技活动、兴趣小组活动。活动中表现较好，学习认真，收获显著。

三、劳动、体育、卫生好

1. 热爱劳动，认真完成劳动任务，认真做好劳动鉴定。

2. 爱护公物，爱护学校花草树木、劳动工具及班级的门窗、黑板、课桌椅等。

3. 上好体育课，体育成绩达标，认真做好"两操"，积极参加体育锻炼。

4. 卫生习惯好，教室与包干区经常保持整洁、干净。

四、转化差生效果好

1. 差好对象明确，有转化差生计划及措施。

2. 班主任及任课教师完成转化差生的指标。

3. 不出现打架、偷窃等严重违纪现象。

4. 差生的转化率提高明显。

第十二讲　促进学校
与家长的沟通联系

第一节　定期开展家长座谈交流会
共同研讨学生发展方向

　　组织家长座谈交流会是家校教育过程中的必要环节，是班主任同家长沟通，凝聚教育合力的主要方式之一。学校通过家长座谈交流会，向家长汇报学校教育教学的工作情况及今后的工作计划，并向家长提出教育的具体要求，听取家长的意见，共同研究改进工作，从而协调学校教育与家庭教育的关系；家长通过家长座谈交流会，不仅能了解到自己子女的学习成绩、思想表现，还能了解子女所在班级其他学生的成绩与表现等，从而能更客观地了解自己子女发展水平在集体中的位置。这是对学生施以教育不可缺少的信息。因此，组织家长座谈交流会是不容忽视的。

一、组织开好家长座谈交流会

　　1. 制订好全学期家长座谈交流会的计划。家长座谈交流会应做到分类细致并具有持续性，既要有全班性的家长座谈交流会，也要有部分学生家长的座谈会。要确定好每次会议的目的、内容、时间、方式、参加人员等。计划要切合实际、突出重点、时机适宜。

　　2. 做好会前的准备工作。如发出通知（包括时间、地点、参加人员、主要议题等），准备有关材料（如学生学习情况分析、阶段思想表现等），针对会议主题确定重点发言的家长，并与之沟通，交换看法，还要认真布置会场并印制发放的资料。

3. 充分发挥各科任课教师和家长的作用。不仅要邀请各科任课教师介绍学生对所教学科的兴趣、态度、学习状况，还可以请家长交流对教育问题的认识，谈谈自己是如何教育子女的。

二、"活、精、实"是开好家长座谈交流会的关键

"活"，即形式活泼。教师讲话要简明，且富有启发性、感染力，能引起家长的共鸣，切忌唱独角戏，要让家长参与讨论，这样既活跃了会议气氛，又能获得多方面的情况反馈。

"精"，即主题明确。家长座谈交流会最忌面面俱到，通过一次会议就把所有问题解决好是很难做到的。每次会议一定要目标明确，或就学校和班级工作计划与管理措施向家长征求意见；或向家长汇报学生德、智、体、美、劳各方面的情况，以求得家长配合教育；或是针对家长在教育子女中的某些问题，向家长介绍家教知识等。只有主题明确，才能有的放矢，话题集中，深化认识，从而有利于现实问题的解决。

"实"，即内容实在。家长们在百忙中抽时间来参加家长座谈交流会，倘若使他们感到没多大收获，那就会挫伤他们参与会议的积极性。因此，家长座谈交流会一定要务实，每次会议都须结合学生实际和家长实际展开讨论，扎实解决几个实际问题，使家长感到来了有所得，不来有缺憾，激发他们积极参加的兴趣。

三、做好会后工作是增强家长座谈交流会效果的重要环节

1. 家长座谈交流会不能开完了事，而应该及时收集家长的反馈信息，以便更好地与家长沟通、配合，共同做好教育学生的工作。或者发放针对某些现象而设计的家长问卷资料，并进行归类总结，装订成册。

2. 根据反馈的信息采取整改措施，涉及学校的意见及时向学校反映；涉及班级和老师方面的意见，本着"有则改之，无则加勉"的原则进行分析；对有关赞扬、肯定老师的话，则应作为前进的动力；对家长提出学生哪些方面需要改正的，及时对学生进行教育。

3. 对因故未到会的家长，则要利用其他时间分别与其取得联系或邀请家长抽空到校交谈，或登门拜访，将有关情况及时沟通。

四、开好家长座谈交流会的意义

1. 交流正确的教育观

大部分家长对教育的了解仅仅局限于对孩子学习成绩的关注，这是认识上的一个误区。实际上，新课标要求学生的全面发展，可在家庭教育中，一些家长重智商轻情商，重文凭轻素质，忽视了孩子健全人格和个性的培养。

因此，在家长座谈交流会上，班主任应该让家长们知道：除了成绩，新课改更注重对学生情感、态度、价值观的正确引导，要求更多地关注人，关注每个学生都能健康地发展，从只重智商到更关注非智力因素——情商。而它的成功实施则需要家长们的配合与支持。学会如何尊重孩子、如何培养孩子的健全人格，为他们走好人生之路作好准备，这对家长而言才是最重要的。

所以说，在家长座谈交流会上，班主任可以讲讲家庭教育的方法和策略，和家长一起客观分析孩子的优缺点，让家长认识到现在的学

生，在智力方面其实没有很大的差异，要对自己的孩子充满信心，少一些批评指责，多一些激励鼓舞，多平等对话，多正面引导，使之树立正确的人生观、价值观。还可以就教育的共性问题进行探索或作个案分析，并请几位在家庭教育、个性培养以及学习指导方面颇有成效的家长介绍经验，互相交流。

2. 交流孩子在家中的情况

教师要设法调动家长们积极发言，从中最大限度地了解学生的家庭情况和个性特点。提示家长们要与班主任互通情况，多关注孩子们的日常表现，并且根据学生在学校和家中的表现，与学生家长们商讨，提一些合理化的建议，有针对性地提高教育措施。

3. 交流教师在班级管理中遇到的问题

班主任可以将班级管理中遇到的问题在家长座谈交流会上提出来，与家长协商，群策群力，共同探讨。就家长们提出的意见，做出合理说明，表明态度，进行商讨，肯定大有收益。另外，还可以向家长们询问他们对学校各项工作的意见和建议，班主任将这些意见和建议记录下来，有助于学校工作的改善。

举行家长座谈交流会之前要有充分准备，目的要明确，内容要充实，中心要突出。会议时间的选择要周密考虑，便于家长出席。家长座谈交流会可以促使广大家长关心学校、关心孩子，并积极主动协助学校教育孩子，从而有效地完成学校与家庭的联系工作。

五、新型家长会模式

（一）实行家长开放日

家长开放日，改变了那种由班主任一人唱主角的传统做法。家长们随堂听课，亲身感受子女日常学习的课堂氛围；家长会上，滔滔不绝的不再是老师，而是同学，是家长，他们诉说着心里的体会、经验、期望。同学与同学之间的距离拉近了，家长与家长之间认识了，几十个小家庭在这里融成了一个大家庭。家长成了家长会的主角，学生成了家长会的主角。

现在的家长会形式多是以老师一个人讲，下面家长听的形式，这样缺乏与家长交流的亲近感，家长会常常在家长与孩子之间造成"交火"。教师永远是家长会的主角，学生一概被排斥在家长会之外。家长开放日中，家长会的热烈和学生的活跃也令人耳目一新：家长会的过程基本由学生控制，学生们争先恐后发言，人人争当主角，一改传统家长会上常见的学生沮丧害怕、家长紧张担心、教师唱独角戏的景象，家长会不仅仅是家长会，还可以是学法交流会，可以是学生展示自我、锻炼自我的舞台。

（二）开放型网络家长会模式

开放型网络家长会模式是以网络和多媒体技术为支撑点，向学校开放、向家庭开放、向社会开放，即建立以学校教育为基地，学校教育、家庭教育、社会教育三结合的教学结构，要求学校做出示范教育，成为家庭教育、社会教育的组织者、指导者，使学生在学校、家庭、社会组成的教育整体里，身心获得最优发展。开放型网络家长会模式的前提首先是制作班级网页，内容包括学校情况、班级情况、科任老师情况、学生学习情况、奖励情况、学生参加活动情况（包括活动过程的实况录像剪辑、图片等）、心理烦恼、家长信箱、家长论坛、学生论坛（BBS）等栏目，还有每位学生的个人档案等。除此之外，还有从网络上下载的各种信息、优秀学生的学习经验、家长学习材料等。

开放型网络家长会模式有两种：集中式和远程式。集中式开放型网络家长会模式采取"三方"对话形式，即家长、学生、教师一起召开家长会。教师作为主导者，他将需要家长、学生了解的资料放在网页里。家长、学生作为主体，他们主动参与家长会：（1）根据自己的需求在网上查看子女（或自己）在校学习、生活的情况，也可以在网上与其他学生进行对照，明确自身的不足。（2）在网上查看资料的同时，家长与子女可进行交流、讨论，家长对学生进行教育；家长与家长之间也可进行家教的心得与体会交流；家长、教师、学生之间也可进行交谈，进行思想交流与沟通。（3）家长们还可在家长论坛栏目中发表自己的见解，在家长信箱中留下宝贵的建议。（4）还可通过网络进入教育网，从中获得信息、学习经验、家长学习资料等。这种模式不受时间限制，内容多样、方法灵活，能激发家长、学生主动参与家长会的兴趣，创设民主、平等、和谐、愉快的氛围，增进家长、教师、学生"三方"间的感情和相互理解，从而吸引家长积极配合学校，督促自己的子女在学校、家庭、社会中健康成长，最终达到配合学校提高教育效果的目的。

远程式开放型网络家长会模式，它不受时间、空间的限制。家长可在不同时间、地点，随时进入班级网页，了解有关其子女的情况和本班的现状；他们可以通过"家长论坛"栏目对教师提出的问题或家长、学生们的共同问题进行讨论，以便师生家长达成共识；也可以通过电子邮件与教师进行个别交流，作为教师也可通过电子邮件与学生家长进行思想交流或问题的探讨，这种模式既不影响家长的工作，又能体现教育的及时性。

著名教育学家苏霍姆林斯基指出："学校和家庭是一对教育者，而家长会就是沟通家长与学校的联系，协调班级与家庭的教育，使家庭学校都来关心儿童健康成长的一种教育形式。"在全社会都在关心教育，要把学校教育、家庭教育、社会教育结合起来，营造一个搞好教育的环境，形成大教育观的今天，家长会就更加显示出它的功能。

第二节　定期开展班主任家访工作　了解学生家庭学习氛围

家访工作是学校教育教学工作的一个重要组成部分，也是学校工作及班级工作的基础，是对学生进行全面了解的一个重要环节。家访作为有效的教育途径，便于发现影响学生的"个性因素"，便于因材施教，这在目前重视素质教育的氛围下尤为重要。

一、教师家访的目的和要求

1. 了解学生的家庭教育情况及学生在家的表现，与学生家长讨论教育孩子的方式方法。同时告诉学生家长其子女在校的学习情况及其表现。

2. 向学生家长宣传党的教育方针政策，征求家长对教师教学、班级、学校管理的意见和建议。

3. 纠正学生家长错误的家庭教育方法，向家长传授较科学的家庭教育方法。

4. 家访时不可与家长发生争吵和冲突，态度要和蔼，要与家长共同探讨教育孩子的问题。

5. 不能接受家长的吃请，更不能接受家长的礼物。

6. 家访后要及时记录和整理，不断总结经验教训。

二、开展家访工作的意义

1. 家访，使教师全面了解掌握学生情况，有针对性地对学生进行教育

教师与家长教育学生的目的是一致的，只是社会背景的不同，家长的素质不同，所表达的形式不一样，所以教师必须要主动与家长沟通，全面了解学生，针对学生的不同情况，争取家长的协调配合，教育学生顺利成长进步。

例如，某小学四年级一班要新选一个班长，班里有一名学生在学校里可以说各方面表现都很好。上课认真听讲，积极回答问题，课后认真完成作业，在学生中也很有号召力，师生都认定他是班长的合适人选。因此开展家访工作，班主任老师就对他进行了家访，结果这个学生在家里是独生子，每天放学后只会玩，做作业要家人守着、哄着，稍不如意就哭，甚至威胁家长不上学等。如果不是这次家访，仅凭他在学校的表现来评价，这岂不太片面了，通过家访与家长取得沟通后，班主任与家长建立了长期联系，经过教育，这个学生在家做作业主动了，甚至能主动承担部分家务活，确实成了一名优秀学生。所以说家访有利于加强对学生的全面了解。

2. 家访，建设良好师德的有效路径

2009 年，国家修订出台了《中小学教师职业道德规范》，提出了师德规范要求，或许大家认为师德是虚的，难以培训与考核。其实不然，只是我们没有找到一个能深入教师心灵的有效载体，而家访则是建设

良好师德的一条有效路径。

首先，通过家访教师真切感受了职业的幸福。教师如果没有职业幸福感，那他就不会热爱教育这份事业，不会全身心地投入到教育之中。家访则让他们真切感受了做教师的幸福。有学生宁可不吃晚饭站在路口等候老师的家访，有学生特地赶到公交车站等候老师，孩子、家长的依依不舍让老师舍不得起身。"老师，辛苦您了！""老师，谢谢您！""老师，拜托您了！"一句句亲切的话语，一声声发自肺腑的道谢，一份份真挚的情感，令老师们难忘。

其次，通过家访教师自觉多了一些教育的反思。家访在解决一些教育问题的同时，也让教师不由自主地反思自己的教育。例如，某小学三年一班张老师家访了有厌学倾向的学生后反思：在课堂上多鼓励，在生活中多关心，让他觉得上学是一件开心的事。一位学习落后的同学会亲手修理桌椅，会帮妈妈煮饭做菜，让张老师陷入了深思：考试为什么只考语数却不考做饭、修桌椅？为什么总是以成绩给孩子贴标签？他童年的天空也应是蔚蓝的呀！

3. 家访，建立深厚师生情感的催化剂

苏霍姆林斯基曾说："在每个孩子心中最隐秘的一角，都有一根独特的琴弦，拨动它就会发出特有的音响，要使孩子的心同我讲的话发生共鸣，我自身就需要同孩子的心弦对准音调。"如何拨动孩子内心世界这根独特的心弦，家访为我们提供了可能性。在学生家里坐一坐、聊一聊，一句嘘寒问暖的话语，一个流露关切的眼神，胜过苦口婆心的教育、训导。在面对面、心与心的交流中，学生会最大限度地悦纳教师，产生对教师的好感，会觉得自己是教师心目中重要的学生。同时，学生也感受到了教师的关注与喜欢。

4. 家访，是家校教育产生合力的助推器

一个家庭演绎着一个故事。虽然家长和老师对孩子教育的愿望基本一致，但由于沟通的缺少、教育的视角不同也难免出现误解，甚至是抵触。走近孩子，多聆听他们的声音；走近家长，与他们探讨孩子的教育。家访，为学校教育和家庭教育架起了交流沟通的桥梁。

5. 家访，树立良好学校形象的最佳载体

家访，不但使教师和家长有机会谈一谈孩子教育中的成功与失败，聊一聊家庭教育中的困惑，议一议孩子在学校里的表现，也让家长有机会把自己的想法和教师做一个沟通，尽可能地避免家长对学校、教师的误解与偏见。每位家访的老师成了关爱学生的践行者、学校办学理念的宣传者。

6. 家访，引导家长重视家庭的育人环境

孩子的习惯养成，家庭环境起着决定性的作用。为此，教师在家访中经常与家长探讨怎样的家庭环境、教育方式对孩子的养成教育是科学有效的。例如，某老师家访有早恋倾向的女生时，委婉地指出家长负有不可推卸责任的同时，建议不要让孩子单独与奶奶居住，而要与父母住在一起，要多与孩子沟通，多给她关怀，要尊重孩子，千万不能打骂，以免引起孩子强烈的反感。

再如，某校蒋老师因一位经常漏做作业的学生而家访，建议孩子做作业时家长不要看电视、上网，给她安静的环境，以免影响孩子的注意力，作业要逐个检查，不要象征性地问一声就了事。引导家长关注孩子的心理需求。在家访中，班主任建议家长多从孩子的角度思考家庭教育，努力了解孩子真实而合理的心理需求，不要主观臆断，不然亲子间会造成误会，甚至破坏亲子关系。不管孩子的现状如何，建议家长平心静气地接受现实，与之充分地交流沟通，慢慢去引导他、改变他、提升他，相信孩子终有一天会协调好身体的每一个关节，轻快地行走在自己的旅途上。

著名教育学家苏霍姆林斯基说过："教育效果取决于学校和家庭的教育影响的一致性。如果没有这种一致性，那么学校的教学和教育过程就会像纸做的房子一样倒塌下来。"现代教育理论也认为，学校教育只有在与家庭教育、社会教育相互结合的前提下，才能实现自身的职能。定期开展家访工作，让教师与学生、家长进行很好的交流，并记下点滴体会。通过学校、家庭、社会等各个方面对学生更好地进行了解，从而帮助学生更健康的发展，让学生、家长与教师之间的关系更加和谐。

【案例】

五年级二班某教师家访记录

一、家访目的

该学生自进校以来学习成绩一直不是很理想，虽然进行过多次的辅导教育，但是效果仍不明显。而且该生性格内向，不愿与同学、老师进行交流，沉默寡言，课堂上从未发过言。问原因，不愿和老师作深层次的交流，只是一言不发，而且只要一批评她，就会掉眼泪。所以为了找出问题的症结，避免她的成绩下降，防止她形成不良的学习习惯，我决定进行家访。

二、家访情况

到学生家中，家里只有母亲一人在家，家长反应较为冷淡，知道小孩很早就是这个毛病但是却无从下手。但是值得庆幸的是，经过耐心的交流，说明家访的来意后，家长终于放下思想包袱与我进行了交谈。从家长口中得知，原因可能有几方面：孩子很内向，虽然是女孩子，但是也很好玩，而且具有一定的惰性。孩子回到家后就沉醉在电视节目中，对其中的情节津津乐道，但是对学习却只字不提，可能这也是孩子行为反常的原因之一。而且所学科目中有她并不是很喜欢学的科目，比如数学，学习起来较为吃力，她可能产生了畏难情绪。加上家长工作比较忙，没有时间辅导孩子学习，在刚刚上学时就没有养成良好的学习习惯。最后家长答应我，会积极配合我们老师对孩子进行心理疏导，主动和孩子多交流，使孩子尽快融入到正常的学习生活环境中去。

三、家访体会

随着社会竞争的激烈，学习压力的增大，许多孩子在生理和心理上都存在着一些不可回避的问题，而且短期内是无法改变这一社会现状的。作为教师，不能对孩子的这些问题一味地批评指责，放任不管，而是应该运用理论知识和实际的经验来解决这些问题。总而言之，就是要以爱心关怀学生，以细心观察学生，以耐心教育学生，及时发现学生的问题，尽量帮助其解决问题。我们不能放弃，而要在各个方面给她多点鼓励多点爱，让她能体会到我的良苦用心，把我当成可以交心的朋友，并愿意让我帮助她走出心理阴影，拥有正常孩子的灿烂阳光。